Grad School Essentials
A Crash Course in Scholarly Skills

带一本书去读研

研究生关键学术技能快速入门

[美] 扎卡里·肖尔 ——————著
Zachary Shore
姜昊骞 ——————译

新 华 出 版 社

图书在版编目（CIP）数据

带一本书去读研: 研究生关键学术技能快速入门 /（美）扎卡里·肖尔著；姜昊骞译. —北京：新华出版社，2022.9

书名原文：Grad School Essentials: A Crash Course in Scholarly Skills

ISBN 978-7-5166-6423-0

Ⅰ. ①带… Ⅱ. ①扎… ②姜… Ⅲ. ①研究生－入学教育 Ⅳ. ①G645.5

中国版本图书馆CIP数据核字（2022）第172745号

北京市版权局著作权合同登记号：01-2022-5800

带一本书去读研: 研究生关键学术技能快速入门

作　　者：［美］扎卡里·肖尔　　**译　　者：**姜昊骞

出 版 人：匡乐成

责任编辑：张　谦　于　梦　　**特约策划：**巴别塔文化

责任校对：刘保利　　**特约编辑：**吕梦阳

封面设计：马　帅

出版发行：新华出版社

地　　址：北京市石景山区京原路8号　　**邮　　编：**100040

网　　址：http：//www.xinhuapub.com

经　　销：新华书店、新华出版社天猫旗舰店、京东旗舰店及各大网店

购书热线：010－63077122　　**中国新闻书店购书热线：**010－63072012

照　　排：胡凤翼

印　　刷：北京长宁印刷有限公司天津分公司

成品尺寸：145mm×210mm　32开

印　　张：7.25　　**字　　数：**130千字

版　　次：2023年2月第一版　　**印　　次：**2023年2月第一次印刷

书　　号：ISBN 978-7-5166-6423-0

定　　价：48.00元

本书所获赞誉

《带一本书去读研》文风精巧，极具可读性，可以破解高等教育中的诸多迷思，讲授清晰实用的步骤，对任何地方的研究生都适用。

——芭比·泽利泽，

宾夕法尼亚大学雷蒙德·威廉姆斯传播学讲席教授，

安纳伯格文化与传播学学者计划负责人

这本指南接地气，通俗易懂，为阅读、写作以及常常被忽略的学习态度问题给出了极具价值的见解。我每次给本科生或研究生上课时，都会有学生遇到这本书中探讨的难题。现在，我总算有一本真正用得上的参考书可以让他们看了。

——迈克尔·赫克特，

亚利桑那州立大学政治学基金会教授，

哥本哈根大学社会学教授

扎卡里·肖尔撰写了一部出色的指南，讲授了本科生与研究生迷津寻路所需的关键技能。肖尔以其独有的语言风格，运用朗朗上口和方便记忆的词语，对学生娓娓道来。肖尔本身就是奇人，穿梭于多所高门槛院校的研究生院，发掘被忽视的文献，写过五本书，荣获众多奖项与研究员身份。无数个人成就赋予了他撰写权威学术指南的资格。

——阿琳·萨克森豪斯，

密歇根大学政治学与女性研究教授

扎卡里写得好极了，言简意赅，引人入胜，充满关于写作、阅读、研究、发言和整体行为方式的中肯建议。《带一本书去读研》尽管以人文社科领域的研究生为目标人群，但其中的许多思想与技巧也适用于自然科学与本科生。事实上，研读这本书对我的大部分同事都会有帮助，包括我自己在内。

——约翰·佩里，

斯坦福大学哲学教授，《拖拉一点也无妨》作者

想让自己的阅读、写作和发言更有深度、更清晰、更有

效率吗？如果你和我们大多数人一样的话，你的回答会很简单：想。肖尔这本优秀的小书会告诉你如何做到。这本书简短且语言平实，示范了任何优秀学者都应该遵循的方法。

——乔纳森·齐默曼，

纽约大学教育学与历史学教授

扎卡里·肖尔照亮了博士研究的道路。他的阐释巧妙、清晰，实用且不乏机智幽默，帮我补全并阐明了我在三年读博期间隐隐感觉到，也在努力寻找的“缺失环节”。

——伯尼斯·贡萨莱斯，

巴塞罗那大学

这本轻松的读物向读者介绍了来自学术环境下的实用而具体的案例，鼓励学生运用巧妙的策略，最大化地利用自己的时间，节省为学术投入的心力。

——法比奥·科雷亚·杜兰，

俄亥俄州立大学人类学研究生

这本书真诚地考察了一名研究生的生活，小故事与小建议俯拾皆是，缓解了我们所有研究生都在经历的焦虑。

——艾米莉·L. 诺克斯，

俄亥俄州立大学诺尔顿建筑学院研究生

《带一本书去读研》不讲空话。研究生学位不好拿，但这本书能帮到你。它改变了我的阅读方法，我推荐任何学生（即使不是研究生）都读一读。

——汤姆·皮特金，

俄亥俄州立大学人类学研究生

这本书会让你爱上学术研究！研究一下子就没那么可怕、没那么艰难了！并且它在你毕业多年后依然会陪伴着你，当你需要写博客、上课、做研究或者写下一个学位申请书时为你提供帮助！

——萨洛尼·拉齐亚，

东京国际基督教大学

目 录

CONTENTS

第四章

如何发言

本章主题不是关于公开发言的心理层面，而是旨在教给你结构：一种看待任务的方式，一套执行任务的公式。

第五章

如何交往

你的交往方式决定了别人对你的印象，别人对你的印象会深深影响你的成败，不管你是否意识到了这一点。以为学术成绩完全基于能力是一种富有诱惑力的想象。

导言 你需要的技能

这是一本威力四射的小书。你将要读到的建议、你将要学到的技能很少有人会教，但如果你想在提升水平的过程中节约时间的话，这些建议和技能就至关重要。

任何攻读学士、硕士或博士学位的人都必须掌握五大关键技能：阅读、写作、发言、交往、研究。可惜，大部分人从未学过如何高效地做好这五件事。很多学生阅读没实效，写作没逻辑，发言没条理，交往没章法，研究没成果，原因正在于此。他们若是知道如何用一种合理、专注、系统的方式来做学习规划，那将既能取得优秀成果，又能有更多的休闲时间。

本书将要教你掌握五大技能的有效方法，让你事半功倍地拿到学位。这本书将让你得偿所愿，不光要让你把书读下来，更要让你把书读好，让你出彩！不仅让你知道你已经做到了最好，也要让你的教授和同学们知道这一点。实现这一切，你只需要两样东西：巧学的意愿，还有教你巧学的师傅。下面是我的一部分方法。

写作提升技巧：

- 可伦坡技法——让你和你的读者一直将注意力集中在你的主要论证上。
- 写句子要蓄力——克服心理阻碍，永远文思泉涌。
- 用好三种不同的公式，让你的文章尽可能清晰。

高效发言技巧：

- 运用 HEFTY 规则——抓住听众注意力，台下从此无鼾声。
- 五步教你克服紧张，说话有中气。

高效研究技巧：

- 聚焦主题，把要研究的问题压缩到八个词以内。
- 用一个扎实的句子来凝练地表达主旨，让教授和你自己都眼前一亮。
- 联系大问题，研究有干劲。

以上只是能够切实提升成绩的诸多技巧中的几条。我不仅会告诉你要做什么，还会教你怎么去做。我不能保证我的所有方法都适用于你，只有江湖骗子才会打这种保票。我只能告诉你，这些方法对我自己，还有对学会了运用它们的我的学生都有奇效。所以试试看吧，根据你自己的具体需要加以调整。只要你动手了，你就会发现我的许多建议都能让你少花时间、少遇困难。

本书主要面向人文社科专业的学生。书中的方法对研究生来说是不可或缺的，本科生若能运用，也将大有裨益。不过，这些技能不仅在学校里有价值，在职场中同样非常实用。大多数本科毕业生的工作都需要消化、分析和呈现信息。不管是企业报告研读、客户背景调查、学生试卷评分，还是浏览新闻、寻找与工作相关的数据，有目的性的高效阅读能力都会让你更加成功。这种能力不仅能节约时间，更有利于你对问题的理解与分析。我讲的不是速读，而是剖析文本、概括主旨和要义的本领。这项技能是产出的起点。此外，大多数职业也会需要你撰写备忘录、报告、会议纪要等，到了一定的职位，大多数员工都会需要在同事和老板面前表达自己的想法，书面与口头表达能力无疑是真正的成功人士的两种关键素养。幸运的是，不一定非得是天赋异禀的演说家或作家才能达到卓越，你只需要掌握一些非常基础的布局与汇报技巧，一旦掌握，你在学校和毕业后的成功概率将大大提升。

尽管上述技能对许多人都有益处，但我写这本书是有一个特定目标群体的，即热爱学习的人。有些高等教育指南书采用一种愤世嫉俗的观点，把求学岁月描绘成一场游戏，宗旨是操纵你身边的人，以便出人头地。[1] 本书对此不敢苟同。我是写

---

① 请看弗雷德里克·弗兰克（Fredrick Frank）与卡尔·斯坦（Karl Stein）写的畅销书《玩转校园：用街头智慧读研》（*Playing the Game: The Streetsmart Guide to Graduate School*）（Lincoln, NE: iUniverse, 2004）；另见皮埃尔·范登贝格（Pierre van den Berghe）的《玩学术：如何让读博物有所值》（*Academic Gamesmanship: How to Make a Ph.D. Pay*）（New York: Abelard-Schuman, 1970），这本书有年头了，但讲得很幽默。——原注

给那些注重思想、认真对待知识的人的。如果你相信了解周遭世界真的能让生活更加丰满，这本书就特别适合你。如果你渴望取得思想上的精进，那么你将要学到的技巧就能让你更接近自己的目标。可悲的是，有太多学生一开始怀着崇高的好学之心，最后却变得灰心、愤懑而倦怠。他们的学业一拖再拖，而他们最缺的——比金钱、时间或欲望还要缺的——就是指导。哪怕教授出于好意，试着去解释学术的“实战方略”，他们也无法用学生们能理解的方式讲明白。我要改变这种局面。我知道每个人的学习方式都不同，没有一本书能适合所有人，但我相信我的方法是多数人都用得上的，我希望你也是其中之一。

要写这样一本书的我又是何许人呢？我曾经用三年半时间拿下了牛津大学的现代史博士学位。之后十年间，我出版了四部学术著作，这是巧干与苦干相结合所取得的成就。在此期间，我做过哈佛大学的博士后，在斯坦福大学做过一年的研究员，过去九年里一直教授面向军官的研究生课程。在牛津大学拿到博士学位的速度可比在美国的大学快得多，而且我的第一本书其实是源自博士论文。但即使加上这些限定条件，我仍然认为，我有资格自称对成功之道有所了解。我想要与你分享一些我学到的学术产出经验。太多聪明人没能以令他们自己满意的速度产出有意义的学术成果，年来岁去，研究报告、学位论文、期刊文章、专著等总是写不完。当然，产出不应该是首要目标。每年有太多所谓的学术成果出来了，其中大部分都会马上被遗忘。你的目标必须是产出高水平的学术成果，读本科要如此，读研要如此，如果你还在学术界的话，之后也要如此。我相信，我在这里给出的建议会让你有尽可能多的机会取得尽可能好的成果，而且是在合理的时间内。

章节梗概

本书的每一章都会针对一项关键技能给出有条理和针对性的方法，详细说明起步阶段要用的公式，以及如何避免公式化的策略。

第一章的主题是文本解析，我会阐述如何打败“书本僵尸”（Book Zombie）——这种邪恶力量会让你明明读了好几个小时的书，却全然领会不到其中的内涵。我首先会讲什么叫读书抓论纲（thesis），我会用1982年的喜剧电影《空前绝后满天飞2》（*Airplane II*）来阐明这一点。接下来，我会给出一套非线性的主动阅读五步法。但是，我不会空谈理论，而会领着你在分析一篇学术文本时运用这个方法。

第二章将要解释文本批判的真意，然后展示其方法。与前一章一样，我会带你看一篇学术论文的节选，一路领着你发现论证的缺陷。这是为了让你掌握一种能用来批判任何学术文献的思路。

第三章的题目是“如何写作”，通过“可伦坡原理”，我会给出三种公式，从而让你写出简明扼要的文字，而且每种公式都会教你如何写好各类论文的开头。我还详细阐述了优秀写作的规则，帮助你避免我所说的“给酒保找事”。如果你不知道这是什么的话，那么好极了！我刚刚制造出了叙事张力，我会教你也做到这一点。

第四章是“如何发言”，详细说明了一种分成五步的公式，让你达成学术汇报的两大主要目标：吸引听众和启发听众。我还探讨了提升汇报效果的策略，并将其归纳为一种记忆术，让你牢记有力汇报的四要素。这一章的主要目标是强调结构的意义：结构清晰有助于清晰思考。与优秀的文字一样，有力的汇报本质在于清晰。因为一部分本科生和大多数研究生都会参与针对必读文本的课堂讨论，所以我还会花时间说明如何掌控重要但可能令人沮丧的课堂状况，比如想要独霸讨论的大嘴巴同学。我也给出了关于如何克服沉默、开口发言的建议。

在第五章“如何交往”中，我探讨了与师长、同窗的相处之道。社交时游刃有余是事业成功的最关键要素之一。社交对本科生非常有意义，但对研究生尤其重要，你在研究生院的未来往往要依赖教授的支持。基于长时间的观察、个人体会，还有我阅读的大量关于学生在这个敏感领域所面临问题的著作，我在本章中给出的建议是要坦诚，不要说废话。

最后，在第六章“如何研究”中，我阐述了合理规划课题、聚焦研究重点的方法。首先，我会带着你通过五个步骤来寻找要研究的问题。寻找有意义的问题通常是最令人生畏的阶段，因此我会阐明如何得出适当的问题——既能满足自己的好奇心，又有益于事业发展。这一章的后半部分会探讨在研究过程中最常见的误区。我会展示如何将你的研究课题与更重大的议题关联起来，同时避开所有误区中最危险的一个：研究还没开始就下结论。

好了，我们开始吧。我要向你展示的第一件事，就是如何进行高段位的阅读。

大多数人自以为已经会读书了，其实根本不会！他们只是顺着读，不讲策略。学会了我教的方法，你很快就能用巧劲了——少读而多得。但是，在那之前，你首先需要知道什么是“书本僵尸”，怎么不让它吃了你的脑子，答案在第一章等着你。

第一章

如何阅读（上）：文本解析

如果你被动阅读的话，“书本僵尸”就会吃掉你的脑子，还会毁掉你的求学体验。你要解析文本，打败“书本僵尸”。

你可曾有过这样的经历？你在阅读一本书，稳步推进中，你脑子里在做着单调的独白，一个个句子接踵而至，你一页页地翻着，正读得入神呢，突然间，好像有一根看不见的赶牛棒砸了你一下，把你打出了半梦半醒的状态。你陡然发现："天啊，我怎么都不清楚我前面20分钟读了什么啊！"

不是只有你会这样，几乎每个人都在某个时候遇到过"书本僵尸"，而且这种情形时有发生。这是被动阅读的后果，你再也不能这样下去了。

被动阅读是漫无方向地打开书，试图用从头到尾读一遍的方式把书读懂。不讲方法、不定计划、不设目标的阅读没有意义，我们称之为线性阅读。其实当你要找某个具体信息的时候，线性阅读帮不上忙。这就好比你要在纽约市电话目录里查找扎卡里·Z. 奇普斯特（Zachary Z. Zypster）先生，结果你说："哎呀，这本册子可真厚啊！我就从头看吧，从阿龙·阿奇博尔德·阿巴巴（Aaron Archibald Ababa）开始看，直到看见奇普斯特先生为止，他肯定就在某个地方。"

我有个好消息：其实不仅电话目录有一套信息组织方法，以便查询，学术文本也有。你只需要知道文本的结构，就能找到你想要的东西。

本章有两个目标：

节省你的大量时间。

提升你的阅读理解力与记忆留存率。

为了实现上述目标，你要主动阅读，不能被动阅读。我要教你一套主动阅读五步法，一旦你学会了（我承认，它需要一定时间去掌握），你的学术水平就会显著提升——你的心理健康、情绪状态和整个人的面貌也会大为改善。

在介绍方法之前，我要强调几条重要的注意事项。这种阅读法并不适用于所有文本。它对人文社科领域的学术专著和论文特别有效，对自然科学的同类著作效果差一点。它不适用于前现代和古代的经典著作，比如柏拉图（Plato）的《理想国》(*The Republic*）或马基雅弗利（Machiavelli）的《君主论》(*The Prince*)。原因在于，这套方法旨在帮助你跳读文本，定位最突出的观点，跳过比较啰唆的段落。现代学术写作大多遵循这一流程，而年代较久的著作和古典著作常常不采取这样的结构。此外，教授布置给你这些著作的用意很可能就是让你细读。

这就引出了另一个关键注意事项。要细读和精读。我接下来要教你如何进行非线性阅读，但这并不意味着所有文本都应该这样去读。如果有时间的话，当然应该把全文读完，我就是这么做的。但是，我也会先用这套方法，跳读文本，直到充分把握了作者的主要观点。这时我才会回头进行更完整的阅读。当然了，如果没有时间阅读全文——你在学校里常常没有你需要的时间，那么，这套方法至少能让你掌握作品的要旨，从而跟得上课堂讨论。

你要领会的最基本思想是：阅读不能只看内容，必须要抓论纲。论纲就是作者的核心论证。论纲是人人都有的。如果你在酒吧喝酒，听别人说话，你就会知道哪里有争论，哪里就有论纲。设想一下有两个粗野的醉酒球迷，一个人赞颂洋基队的品质，另一人夸耀红袜队。归根结底，洋基队球迷认为投手好，全队就厉害，这是他的论纲。为了支持论纲，这位球迷淌着口水，含混地念叨着首发阵容里每一位投手的比赛数据，这是论纲的依据。作为本科生或研究生，你的一部分任务就是找到每一条论纲的依据，发现最薄弱的环节，然后把这些环节打散。

阅读之所以不能只看内容，而要抓论纲，原因主要有两个。第一，学术全是围绕论证展开的，学生必须学会批判论证。发现并剖析论证（就是我们所说的“论纲”）是你处理任何文本的首要任务。比方说，教授安排你读五本关于法国大革命的书。有个国王掉了脑袋，这个事实你需要读多少次呢？一次还不够吗？你之所以要看五本不同的书，是因为每名作者都对史实有着不同的解读。因此，你的第一项任务是确定作者在论纲中表达的具体解读。第二项任务是拆解论纲，找到它最薄弱的环节。你在阅读时的任务本质上是搜寻和批判：你要先搜寻论纲，然后你的目标是批判论纲。“批判”部分意味着你要评判书的优势和劣势。你的批判必须公允。不过，先带着批判的眼光是有帮助的。谁的书都做不到完美无缺，这没关系。我们的目标是增进理解。问题是，作者有没有推动我们朝着正确的方向前进。他的论纲和证据经得起推敲吗？如果经得起，那我们就认为这是一部有意义的学术著作，因为它让我们更接近真理。

这套方法对你的成功至关重要，所以为了讲得更清楚一些，我们来试着做一个主动阅读的简单例子，任务是发现并批判一个老电影片段中的论纲。在1982年的喜剧片《空前绝后满天飞2》中，我们看到了两条不同的新闻播报。美国新闻主播说，莫斯科城区发生大火，造成人员死亡与财物损毁。接下来，我们看到了苏联对同一事件的报道。主播是这么说的："一场光辉的大火席卷莫斯科，为全新的拖拉机厂扫清了道路。"那么，假设我们必须对这两种事件解读都加以批判，我们该怎么做？先来看苏联的新闻吧。

首先，你需要确定主播的论纲。大火对莫斯科的影响是正面的，或许对苏联社会整体也是正面的。相比之下，我们可以说美国主播的论纲是：大火是负面事件，造成了人员死亡与财物损毁。其余就是开放解读空间了。与法国大革命的情况一样，每名作者都对事件给出了不同的解读，不管事件是国王掉脑袋还是城市发生大火。

那么，我们要如何批判苏联主播的论纲呢？首先列出他做出的假定。

大火的发生是光辉的。

大火为新拖拉机厂扫清了道路。

我们可以逐个提出质疑。“大火的发生是光辉的”是主观的断言。大火（或者几乎任何事件）并没有任何内在特质使其成为正面或负面事件。我们通常是根据后果来判断一件事的性质。在这个例子中，大火发生的后果似乎为大火的光辉性提供了证据：大火为拖拉机厂扫清了道路。于是，如果有关工厂的说法是可疑的，那么大火的光辉性也就要打上一个问号了。

要质疑第二个论断，也就是“大火的发生为拖拉机厂扫清了道路”，你就要问：是否有证据表明，当地原本就有建厂的计划？建厂经费拨付了吗？有没有书面资料证明，之前就有大人物决定修建这样一座厂？如果没有，那可以判断苏联的报道是虚假的。

同理，如果我们要批判美国主播的火灾论，那就要寻找死亡和损毁的证据。到底有多少人死亡？我们能证明死因是大火吗？真的有财物被烧毁了吗？有建筑物倒塌了吗？我们需要搜寻支撑论断的坚实证据，如果我们找不到证据，如果作者没有提供证据，或者作者的证据的主观性大于客观性，那我们大概就能推翻这个论纲了。

此外，你必须训练自己在阅读时不只要看内容，也要抓论纲的第二个原因是，在部分本科课程和大多数研究生课程中，你很快就会被大量阅读淹没。如果你试图读完每一本书的每一个字，你会被淹死的，你会觉也睡不成，饭也没空吃，你会成为众多“书本僵尸”中的一员——阴着脸在系里走廊上游荡的憔悴人，形似鬼魂，被双肩包里的书本压弯了身子，从一堂课爬着去另一堂课，却讲不出一个连贯的想法。我们将这种疾病叫作“logolapsia”（这个词是我刚刚编的），它会感染没有读过这本薄薄小书的、缺乏戒备心的学生，患者不能表达一名作者的论纲，因为他们尚未学会有目的性地主动阅读。

下面就是治疗方法，或者说预防方法。方法分为五个步骤，并且有一个关键技巧。我会先总体概述，然后分步讲解。

如何主动阅读

第一步：分析主副标题。

第二步：详读目录。

第三步：先读最后一节。

第四步：再读导论。

第五步：标定书籍或文章里最重要的章节。

这个过程中最实用的技巧是，用自己的话复述读过的内容，然后写下来。

永远要记住：复述后写下来！

第一步：分析主副标题

标题是作者论纲的线索。阅读时的任务是搜寻加批判。你的第一项任务是找出作者的论纲，而主副标题往往就是捷径。如果标题宽泛贫乏，比如《俄国史》（*A History of Russia*），那对你就帮助不大。但如果标题是《文明的冲突》（*The Clash of Civilizations*），那你就知道作者的主旨与文明层面的冲突有关了。你由此或许能推断出，该领域之前的著作对国际冲突何以发生有过不同的解读：可能是国家间的战争，或者内战，抑或是种族、意识形态、阶级区隔。但重点是，你仅从主标题出发，就可以开始提取关于作者论纲的有用信息了。因此，认真思考标题的含义能提示你去寻找论纲，从而节省时间。

下一个有帮助的线索是副标题。副标题在主标题后面，通常用冒号隔开。如果主标题和副标题是《天才团队：协作的创造力》（*Group Genius: The Creative Power of Collaboration*），你或许会猜测出作者反对下述观点，即伟大思想来自在苹果树下思考万有引力的孤绝头脑。再来看《人性本善：有意义生活的科学》（*Born to Be Good: The Science of Meaningful Life*）。

你会预计作者将以科学（很可能是生物学）为基础，论证人类有善良的内在倾向，也可能是有善良的能力。当然，除非你往下读，否则你不会真正知道。你只是在提示你的大脑去寻找论纲。你不应该匆匆掠过主副标题，而不花一点时间设想著作可能的论纲。打败“书本僵尸”的起点是主动思考你读到的一切，从标题开始。

第二步：详读目录

章标题也是作者论纲的线索。作者用各章来夯实核心论纲。每一章都是支撑总论纲的一个分论点。因此，你要花时间认真阅读每一章的标题。我刚刚讲了要怎么读一本书的主副标题，现在对章标题再读一遍。问一问你自己，作者在每一章中可能想要表达什么。“导论”或“早年岁月”这样的贫乏标题不会有多大用处。不过，章标题常常会强烈暗示作者的观点。顺便说一句，小标题（作用是分隔一章或一篇文章内部的各节）也能起到和其他所有标题相同的作用。看到小标题时，想一想它们可能给出了什么线索。

我们来看《被抛弃的胜利：越南战争（1954—1965）》

（*Forsaken: The Vietnam War, 1954-1965*）这本书。你从主副标题中可能会猜测出，作者认为美国或者说某人本来能打赢越南战争，却选择不赢。在考察目录列出的各章时，你看到了这样的标题："起义""承诺"和"进攻"，但它们没告诉你多少内容。然后你又看了看其他章的标题，包括"背叛"。嗯，我想知道作者在暗示什么。我猜是有人背叛了别人，但那会是谁呢？这里又来了一章的标题："自缚手脚"。哎呀，到底谁会自缚手脚？又为什么要这样做呢？还有一章的标题是："自我毁灭"。再回头看书名"被抛弃的胜利"，我们可以推断出某人在这场战争中本来能够胜利，但他打败了自己（也不一定是"人"，如果罪魁祸首是政府或者国家的话）。还是那句话，你其实完全不了解这本书，你连一个句子都还没有读，尽管如此，对于作者会如何阐发论纲，你已经有了一个合理的推测。那么，现在是时候深入文本、发掘真相了。

第三步：先读最后一节

既然你已经提示自己要定位和确认作者的论纲了，那就马上去看书或者文章的最后一段。我不建议用这种方法读悬疑小说，但它对学术文本特别有用。有心的作者会在末段概括自己的主要思想，方法并不拘于一种。论纲不一定放在末尾，但应该不会太远，最起码会在最后一部分，不管结论是一个小节还是一章。现在，你要寻找那个金子般的段落，那里用精练的语言归纳了核心思想。当你找到那一段时，**用你自己的话复述一遍**。

用自己的话复述读到的观点，然后写下来，这是最重要的技法。你这样做得越多，就越能领会读过的内容，就越可能在之后——也就是课堂讨论的时候——记起来。因此，你要养成这个习惯：**复述后写下来**。用词要尽量简单，你不需要诗意或者高雅，只要用最简单的必要词语来概括作者的想法就好。请注意，我说的不是“尽可能简单的词语”。我们有可能将一个想法过分简单化，以至于让其失去意义。你必须学会用最简单的必要词语来简要概括他人的想法——必须要能够把握住作者的意思。当然，你不需要对文本中的每句话都这样做，而只需要对最重要的句子和段落这样做。

接下来，我建议你去读结论的第一段。如果你要看一整本书的话，那就是题为“结论”的那一章的开头，这是你运气好的情况，不然就是最后一章，不管其标题是什么。如果你读的是一篇学术论文，那么可能有一节标着“结论”，或者与正文部分隔着一段空白，或者根本没有明显的结尾标记。如果没有明显标记的话，你就要从末尾往回看，寻找代表结论的关键词或者短语。关于这个问题，我要多说一点。结论部分的第一段可能会包含论纲，也可能会强调你已经在末段看到的论纲。我再说一遍，你不一定会在最后一段或者最后一节的第一段找到论纲，但在这两个地方找到的可能性最大。

第四步：再读导论

现在翻回导论，再浏览一遍。看你多快能找到类似在结论里发现的金子般的段落。措辞当然不会相同，它不会是原样复制粘贴过来的，但会包含同样的基本概念，表达也是相似的。我希望你能运用“复述后写下来”的技巧，用你自己的话来表述这个金子般的段落，然后写下来。把它与你对结尾“金段”的复述进行比较。两者符合程度有多高？如果基本相同的话，那么你很可能就找到了论纲，也抓住了它的本质。现在还不能打保票，但你大概比你以为的更接近论纲了。如果两种表述不相符，那么你要么是认错了论纲，这需要多读一读才能确定，要么只是需要修正你对论纲的理解。与导论相比，结尾对论纲的表述可能会更加细致。你要把重点放在结尾“金段”上，它往往是正确的那一个。

你可能会提出一个合理的疑问：为什么不先读导论，而是等到第四步才读呢？答案是导论常会包含论纲，但结论几乎总会包含论纲。导论里面有各种其他信息，可能会在你刚踏上搜寻与批判之路时拖慢你的脚步。导论可能会用一个引人入胜的逸事开头；导论可能会综述现有研究文献与业内争论，顺势解释本作对争论所做出的贡献；导论可能会用好几页来感谢亲朋好友、配偶伴侣、图书馆和档案馆工作人员、其他学者，以及作者可能从未谋面但希望攀上关系的名宿。（这些内容通常会专门放到“致谢”中，但有时也会溜进导论。）要想迅速发现论纲，成功概率最大的做法就是先浏览结论。导论有助于确认和强化你对论纲的理解，或者像我前面说的那样，修正你对论纲的理解。

第五步：标定最重要的章节

我听见你在问了：你怎么知道哪一个章节最重要？一旦你知道了论纲，确定关键章节就相对容易了。比方说，如果论纲是约翰逊总统选择越南战争、放弃和平机会的话，那么讲述中国与越南千年交战史的一节或许是有用的背景知识，但大概不会直接包含支持论纲的主要论据，而你现在要找的却是主要论据。

还记得吗？如果苏联主播声称大火的发生为拖拉机厂扫清了道路，而且这是一件好事，那你就必须找到表明有计划修建这座厂的证据。作者肯定会给出证据，但是，证据可信与否取决于两件事。请注意我接下来要说的观点。

证明学术观点的方式只有两种：实证和逻辑。实证是我们能搜集到的实际证据，比如国王被砍掉的头、被火烧毁的建筑物、自述生平的助产士日记。逻辑是事实之上的推理。如果有人告诉你，他看见了一个有四条边的三角形，你就知道他几何学得不好了。这就意味着你有两条进攻路线，要么质疑作者的实际证据，要么质疑作者的逻辑缺失。你要一边读，一边写下作者做出的假定。之后再回顾你列出的假定，质问作者是否用充足的证据与完备的逻辑来支持每个论断。

我刚刚概述的全部内容既适用于一本书，也适用于一篇文章或书中的一章。如果教授布置你读一篇文章，你要思考主副标题中关于论纲的提示性线索，要浏览小标题以便寻找更多线索，要先读最后一段（如果末段只有一句话的话，那你显然就要从上一段开始读）。如果教授布置你读书里的某一章，而不是整本书，你要马上去查这一章所在的书。绝不要——为表强调，我要再说一遍，绝不要不先考虑整本书，就去准备某一章的讨论。你不需要把整本书读完，但你必须对书中作者的论纲有一个大体的认识。为什么？因为那一章是对更大论证的一个支撑要素，你必须知道那个更大的论证是什么。这便引向了另一个有用的建议。

寻找与更宏大议题的关联

切记要将一个论证与一个更宏大的议题关联起来。在批判一篇文章或书中一章时，你尤其需要确定那个宏观议题是什么。几乎所有学者都是在破解某个大问题的一小部分。对某一次会战的分析可能反映了作者对整场战争的看法；对某一场战争的分析可能反映了作者对参战国下述行动的看法：它是如何打其他战争的，是如何执行外交政策的，是如何征服人民的，或者如何让宏观经济、上层建筑影响其行动的。不管你面前摆着什么样的议题，作者希望解决的很可能是一个更大的谜团。你需要了解宏观图景，才能理解那一章或者那一篇文章。因此，当你完成搜寻与批判的任务时，在你已经发现了论纲并进行了批判之后，最后一步就是把论纲与更宏观的问题联系起来。你在本书后面会学到，这种训练对你自己的研究也大有裨益，因为你也需要将自己的细分研究课题与大问题联系起来。

主动去略读

你很少会有时间逐字逐句地读完每一本书或每一篇文章。如果你有时间，那很好，但不要指望你会有时间。在给定的时间的约束下，你需要追求高效，略读是至关重要的。

一旦确定了要读哪几章，你就要去浏览每一章，看里面有没有小标题。小标题的用法和主副标题完全一致。小标题是论纲的线索，会指向最重要的证据。先读完每一个小标题，对全章的基本结构有一个认识，接下来就可以选择看上去最重要的小节来精读。

在时间紧迫的情况下，你必须跳过一些段落。段是作者最小的思维单元。句子是解释或支撑段的要素，而段是可以跳过的小块。一般来说，跳读的单位应该是段。因此，首行缩进是你最好的朋友。

先读每一个主旨句——每段的第一句话，然后做出决定：这一段是要读完，还是要跳过？这项技能肯定会熟能生巧。那么，如何做出正确的决定呢？

运用你的核心技巧：复述后写下来（如果你决定跳过的话，那就不用写了）。用你自己的话复述每一段的主旨句，要记住用最少、最简单的必要词汇来表达作者的意思。主旨句应该表达段落的主要观点，至少应该明确提示这一段是讲什么的。一旦你领会了主旨句的意思，你就可以判断这一段值不值得你花时间了。

学术文本大多有确定的形式。一段话表达的观点通常会由后面的几段话来支撑。因此，如果你决定了不需要包含某个观点的一段话里的信息，那就可以快速跳过后面所有支持这一观点的段落。通过复述后续段落的主旨句，你也可以轻易判定出这几段是否在支持前面的观点。

实战演练

现在我要领着你用这种方法来读一篇文章。我不能把全文放上来，因为会违反版权法，但我可以节录。在教自己的学生这样读书时，我喜欢用历史学家马克·特拉亨伯格（Marc Trachtenberg）的著作，因为他的文字不仅蕴含着复杂的思想，而且清晰严整。

我们要略读一篇有关第一次世界大战的文章，我会在其中阐述如何进行略读。在我撰写本书的时候，第一次世界大战是全球史学界关注的热点，因为当时恰好是这场战争爆发一百周年。如果你对第一次世界大战一无所知的话，那就太好了，你不需要对其有所了解。这种方法就是要帮助你巧读，迅速上手人文社科领域的任何题材。那么，我们就来一步一步地应用五步法吧。

第一步：分析主副标题

这篇文章的标题是《第一次世界大战的到来：再评估》[1]。

要想打败“书本僵尸”，要做的第一件事就是先停下来思考。要记住，我们的任务是搜寻加批判。我们在搜寻作者的论纲，也就是核心论证。那么，这样一个标题可能意味着什么呢？显然，它肯定与第一次世界大战有关。因为里面有“的到来”这几个字，所以肯定涉及战争的起源。副标题里写着“再评估”，那作者的意思肯定是要再评估某件事——估计是与第一次世界大战的起源有关的事吧。那么，他到底会再评估什么呢？最大的可能性是，他要再评估战争到来的原因。让我们找找看吧。之所以对任何主副标题都要主动思考，是因为它们有提示作用，让你在碰到论纲时更容易发现它。

① *Marc Trachtenberg, History and Strategy* (Princeton: Princeton University Press, 1991), ch. 2. ——原注

第二步：详读目录

在一本书的目录里，每一章的标题都给出了关于该章论证与证据类型的线索。在一章或一篇文章中，小标题也起到相同的作用。

这一章的第一个小标题是“费舍尔命题”（“The Fischer Thesis”）。听说过费舍尔命题吗？没有？好极了！你用不着听说过，其实没听说过还更好呢，因为那会逼着你去思考它是什么意思。我们可以猜测，有一个名叫费舍尔的人提出了一个命题，也就是论证。这个论证可能是讲什么的呢？对了！大概是关于第一次世界大战的到来吧。关于这个论证，作者可能会说什么呢？他会赞同还是反对？我听到你猜“反对”。当然，我们还不知道作者会做什么，但既然他的副标题暗示他要“再评估”某个关于战争到来的东西，那么认为他会批评费舍尔先生的主张就是一个合理的猜测。再说了，你本来也会预料到学者要做批判，毕竟那是他们的生计来源。但是，公允地说，我们还不确定作者对费舍尔命题的看法。我们只是略读了小标题，提示自己在碰到作者的论纲时发现它。

下一个小标题是“作战计划的刻板性”（“The Rigidity of Military Plans”）。这会是什么意思？到目前为止，我们怀疑作者要再评估，也就是批判关于第一次世界大战到来的解释。我们猜测，费舍尔命题就是这样一个关于战争为何到来的解释，或者说论证。那么，也许刻板的作战计划是另一个这样的解释。

接下来一个小标题是“攻势崇拜”（“The Cult of the Offensive”）。这个词组在原书里就加了引号。假设我们不知道这个词组是讲什么的。既然我们知道这篇文章是在谈论一场战争，那就可以猜测当时有某种关于攻势行动的思想，可能还被拔高到了被众人所崇拜的程度：人们或许对它深信不疑，不管它到底是什么。这或许是战争到来的另一种解释：信奉这种思想。但是，在这个阶段，谁知道呢？在读小标题的过程中，我们就要提示自己该做第三步了。

第三步：先读最后一节

有些作者比较“贴心”，会用“结论”做小标题。如果你发现是这样的情况，那么不妨手舞足蹈一下。我会先大致看一下这一节有几页或者几段。这样做只是为了看一下我可能会遇到多少重要内容。比方说，如果只有3段的话，那我最好对每个词都格外认真，以免漏掉了论纲。如果结论有8页长，那我就更需要做主动搜索了。特拉亨伯格在这方面是个“贴心”的人，我们能够轻松地找到“结论”这个小标题；如果没有这种小标题的话，就要看一章中快到末尾的地方有没有一段空白隔开两段话；如果没找到，那就到各段开头去找“总的来说”“总体而言”“概括来说”“最后”一类的关键词。在略读特拉亨伯格的书时，我发现结论只有4页多一点，有12段话。

结论一定要读，但在此之前我们先来回顾目前已经确定的情况：有一位作者要再评估某些关于第一次世界大战起源的观点，他探讨的似乎是对战争的不同解释。我们怀疑他对这些解释的全部或一部分持批判态度。此时，我们在一个句子都还没读的时候，就已经推断出上述内容了。

现在是时候用我们最重要的策略来剖析结论了：复述后写下来。我们要用自己的话复述结论中的每句话都说了什么。我们要用最少的必要词语来表达作者的意思，然后在每句话的后面，我会附上用自己的话做出的复述。但是，在看我的复述之前，你应该试着自己复述一遍。那样你就可以比较你的版本和我的版本。不要假定我的版本更好。只要你用凝练的语言抓住了核心意思，就算你的复述与我的复述大不相同，你也无须忧虑。用词无所谓，意思才重要。

末段的第一句话：

> 在这整个过程中，这种解读之所以获得认可，是因为人们想要相信它。

真倒霉！这不是我们希望得到的那种简明论纲。这句话似乎是凭空冒出来的。我们不知道作者说的“这整个过程”是什么意思，但暂时不知道也没关系。我们只需要把握每句话的核心意思，哪怕我们的表述一开始并不完善。

我的复述：

一种解读之所以获得认可，是因为人们想要相信它。

末段的第二句话：

> 但重要的是，在思考战争与和平的根本问题时，我们绝不能依赖分析到最后发现只是历史神话的东西。

我的复述（先试着自己复述，然后再看我的版本）：

我们在思考战争与和平时不应该依赖历史神话。

第三句：

> 传统观点未必只能信奉接受，关于过去的主张总是可以转换为可检验的史学命题。

我的复述：

不要单纯信奉传统观点。主张是可以检验的。

第四句：

> 就此而论，当我们真的用现实证据——七月危机的证据丰富且易得，去检验这些命题时，便会惊讶地发现，大部分论证竟然如此单薄。
>
> （In this case, when one actually tests these propositions against the empirical evidence, which for the July Crisis is both abundant and accessible, one is struck by how weak most of the arguments turn out to be.）

我的复述：

论证是单薄的。

请注意：由多个部分组成的复杂句需要删繁就简，露出主干成分，好让句子更加通俗易懂。删掉插入语和从句，试着定位有主语、谓语、宾语的主句。在这里，主句就是“论证是单薄的”（arguments are weak）。

最后一句：

> 所有这些支持1914年事态发展“失控”的结论的主张最出奇的地方在于，它们的事实基础都很少。

我的复述：

1914年事态发展“失控”的主张缺乏依据。

现在，我们要拼合这些复述，因为它们合起来也许就能更简短、更清晰地表达段意了。

一种解读之所以获得认可，是因为人们想要相信它。我们在思考战争与和平时不应该依赖历史神话。不要单纯信奉传统观点。主张是可以检验的。论证是单薄的。1914年事态发展“失控”的主张缺乏依据。

要记住，我们是在寻找作者的主要论纲。我们从全文最后一段发现，作者认为，对第一次世界大战的解读是单薄的，但这就是作者想要说的全部想法吗？难道他只是要推翻现有的解读吗？他是否还会提出自己的解读？我们在深入阅读时就会发现答案，但对于任何文本，你都要事先提出同样的问题：作者的目标到底是什么？为了最高效地得出答案，你不仅要用自己的话归纳作者的句子，还必须质疑你正在读的内容。这就是学者所说的“介入”文本，这就意味着要质疑论证的所有方面。

我想请你特别留意上面的复述里的一句话。那句话是这么说的：“我们在思考战争与和平时不应该依赖历史神话。”请注意，这句话与其他几句略有不同。它涉及了一个更大的议题，超出了文章的主题，也就是第一次世界大战的到来。这句话涉及的是“如何思考战争与和平”这个更为宽广的议题，也就是第一次世界大战的到来，而不仅仅局限于某一场战争。因此，在碰到与宏观主题相关的句子时，你要特别关注它，作者往往是在暗示自己的总体目标。

我们现在来看结论的第一段。重复前面的过程，用自己的话复述每个句子。目的是提取更多作者论纲的相关信息。到目前为止，我们假定他的论纲只是：对战争起源的解读是单薄的，甚至可能是错误的。

结论首段的第一句：

> 此处的目标不是给出另一种关于第一次世界大战到来的解读。

我的复述：

文章的目标不是提出一种对一战起源的新解读。（我们看来刚刚找到了前面问题的答案，也就是作者有没有提出一种自己对战争起源的解读。）

第二句：

> 主要意图是一次思想清洁练习。

我的复述：

目标是清理我们的思想。

第三句：

> 有许多关于一战起源的主张被不加批判地接受了，本文要做的是利用证据来检验其中一些比较重要的主张。

我的复述：

许多关于一战起源的主张被直接接受了。本文的目标是检验这些主张。

第四句：

> 重要的不只是我们对这一具体时期的历史认识。

我的复述：

重要的不只是我们对第一次世界大战的认识。

这一段的最后一句：

> 正是因为大量当代战略外交思想在很大程度上依赖于一种对“七月危机”的特定解释，所以这种工作才是值得做的。

我的复述：

我们的战略外交思想依赖于我们对“七月危机”的解读。

现在把复述的句子组合起来：

文章的目标不是提出一种对一战起源的新解读。目标是清理我们的思想。许多关于一战起源的主张被直接接受了。本文的目标是检验这些主张。重要的不只是我们对第一次世界大战的认识。我们的战略外交思想依赖于我们对“七月危机”的解读。

你从这些句子中得出了什么？我们根据结论的最后一段认为，论纲是“对战争起源的解读是单薄的”。而从结论的第一段中，我们能看到作者想要检验各种通行的解读，而且把原因也告诉我们了。他说，我们对第一次世界大战爆发原因的理解影响了我们对战争与和平的总体认识。作者不一定会将作品与某个更宏大的议题联系起来，但他应该这样做，你也应该。

这个过程中的下一步是把结论读完，复述并写下主要观点，但不一定每句话都要这样做。就结论部分而言，你可以只复述每个主旨句。做完以后，你就该回到导论了。接下来让我们来读一下全文的第一段，看它是会加强还是会修正我们现在对作者论纲与目标的看法。

第四步：再读导论

我在阅读导论每一节之前都要先浏览一遍，以观其大略。导论部分大概是2页长，有5段话。文章开头是这样写的：

> 当代美国战略思想最基础、最常见的观念之一是：大战不一定是蓄意决策的产物——大战到来可能是因为政治家对事态发展“失去了控制”。

我的复述：

人们认为战争发生可能是因为政治家失控。

第二句：

> 人们普遍假定，危机可能会释放本质上属于军事性质的力量，压倒政治过程并带来一场没有人想要的战争。

我的复述：

人们认为危机会造成没有人想要的战争。

文章第一段的第三句，也是最后一句话：

> 诸多重要结论——关于核战争的风险，进而关于核力量的政治意义，都依赖于这一基本思想。

我的复述：

先等等！这句话绝对应该把昏睡的你摇醒，把“书本僵尸”赶走。我以为我们是在读一篇讲第一次世界大战的文章。我对历史了解得不多，但我觉得当年还没有核武器吧。作者为什么要突然，而且是在文章的第三句话就讲到核战争呢？

当你看到明显不协调的内容时，它可能正是暗示作者宏大目标的线索。我们还不确定那到底是什么，但我们肯定要加以注意。因此，我的复述如下：

人们对核战争的风险也有同样的看法——核战争可能偶然发生。

我们对第二段也来一遍同样的过程。

> 这种“意外战争论”出乎意料地根植于对一个历史时期的一种具体解读——第一次世界大战在1914年七月危机期间到来。

我的复述：

战争可能意外发生的思想，即“意外战争论”，很大程度上源于一种对第一次世界大战的解读。

第二段的第二句话：

> 人们常常想当然地认为，欧洲当时存在一种动员与战争计划紧密啮合，强调快速攻势行动的军事体系，这一体系直接导致了一场本可避免的冲突。

我的复述：

人们假定，攻势作战计划造成了一场本可避免的战争。

接下来是一连串引文。后面几句话都包含一个人名和一段关于战争的引文。学术文本的导论中常常会看到这种结构，因为作者要摆出其他人的观点，表明自己没有立稻草人[1]，他在证明确实有人提出过这些主张。作者想必是要说明它们怎么全都错了。引文我就略过了，因为我们眼下主要关注的是领会作者的论纲与目标。

① 稻草人：常用来形容一种软弱的或想象中的反对者(如辩论者或对手)，建立起来只是为了容易被驳倒。——编者注

我们要开始运用这个方法了：阅读主旨句（通常是每段的第一句），复述主旨句，然后决定这段话是跳过还是读完。问题就是：读还是跳？

下一段，也就是第三段是这样开头的：

> 随着论证的深入，一连串其他因素让这个基本问题愈发繁杂。

我的复述：

有一个问题被其他因素搞得更糟了。

我们不知道“这个基本问题”指的是什么——没关系，这会逼着我们主动阅读。它会将我们唤醒，确保我们在介入文本，真的在思考作者说了什么，努力跟上思想的逻辑链条。但这也就是你必须做决断的地方：你是要回过头把前面一段读完，还是可以继续往下读，哪怕你还不清楚到底是怎么一回事？

在这个地方，我的学生们一般会稍微有些惊慌失措。他们会这样问：“要是我跳过了重要内容怎么办？”你猜怎么着？这种情况是有可能发生的，尤其是在初学阶段。但是，经过练习后，你很快就能更好地判断哪些该读、哪些该跳了。不要盲目信任我，自己试验几周。要抵制刚看到一篇文章、一章或一本书就逐字逐句阅读的诱惑。如果你有足够多时间的话，那么显然你应该通读，但你很少有那么多时间。你很可能背着好几门课的无数阅读材料，如果你试图逐字阅读，你的睡眠就会被剥夺，你的表现就会受到妨碍，你的精神也可能会崩溃。这种方法值得一试，因为从长远来看，它会节省你的时间，尽管你一开始可能会漏掉一些要点。

那么，我们就决定跳过讲“多个其他因素让这个问题愈发繁杂”的这一段了。如果有时间更细致地再读一遍文章的话，我们以后总可以从头再读。

下一段的开头是：

> “意外战争”这个术语有多重含义。

读还是跳？你的决定是什么？我觉得这是重点段，因为由全文首段可知，作者的论纲涉及“意外战争”的概念，意思是偶然发生的战争。他或许会在这里给论纲的关键词下定义，我们应该加以注意。事实上，大多数学者都注重术语定义，你在学术文本中会反复发现这一点。作者需要定义术语，以便读者精确地知道作者要解释的内容。当你遇到这种段落时，提起注意是明智的做法。话虽如此，这一段现在还是跳过吧，因为我的主要目标是展示略读的方法。

接着看下一段，主旨句如下：

> 本文的主要目标是检验第一次世界大战是意外战争的观点。

万岁！中大奖了，朋友们！这是我们梦寐以求的那种句子！它是句子的罗塞塔石碑[①]！（好吧，大惊小怪就到此为

① 罗塞塔石碑（Rosetta Stone）：高1.14米，宽0.37米，制作于公元前196年，刻有古埃及国王托勒密五世登基的诏书。石碑上用希腊文字、古埃及文字和当时的通俗体文字刻了同样的内容，这使得近代的考古学家得以对照各语言版本后，解读出已经失传千余年的埃及象形文字之意义与结构，使其成为研究古埃及历史的重要里程碑。——编者注

止，你懂的。）如果你用记号笔的话，现在就画线吧。顺便说一句，我只建议给真正有价值的句子画线，比如这一句。不懂行的学生倾向于四处画线。要克制这种冲动。画线应该是快捷的指向作者主要观点与关键证据的方式。如果画线的句子太多，那就会浪费你之后温习的时间。

这句话写得太明白了，简直不需要复述，但还是复述一下，先试着用自己的话说，然后再看我是怎么表述的。

我的复述：

第一次世界大战是意外吗？

这似乎是推动文章的核心问题。在任何学术文本中，要找的最重要的东西就是问题、回答（所谓的“论纲”）和论纲基于的证据。尽管作者没有用疑问形式来表达这个好句子，但我认为我们可以表述成疑问句，因为它其实就是这个意思。作者说，他的目标是检验“一战意外论”是否合理。因为我们提前读过结论，所以知道他的回答是“不合理”。他在结论中说，这种解读是基于历史神话和盲目接受，依据少得惊人。

那么，我们现在相信作者的问题是：

第一次世界大战是意外吗？

作者可能的论纲是：

第一次世界大战不是意外。

对于可能会有的证据，我们有一定的想法：分析关于这场战争的主流观点，比如费舍尔命题、作战计划刻板论、攻势崇拜论，等等。不过，我们需要再多读一些文本，才能可靠地得出上述想法都正确的结论。事实上，在阅读的过程中，我们发现作者的观点要更加精微。我们可以通过阅读主旨句来快速发现精微之处，判断一段话会不会解释论纲，如果不太可能会的话，那就跳过，马上对下一段进行同样的评估。就算我们在初期还不能确定问题和论纲是什么，但与从头逐句往下看、从来不用自己的话复述关键段落的被动阅读相比，我们靠近问题和论纲的速度会快得多。因此，这种方法既节约了你的时间，也提升了你的理解水平。

我们似乎还发现了作者的大目标：评估美国关于核战争风险的战略思维。他主张，这种战略思维与我们对第一次世界大战的认识有关。

尽管我们讨论这种方法花费了一点时间，但如果你本来就能不用在我干预和解释下熟练地运用它，那根本花不了多少时间。你的真实阅读量其实少得惊人。我希望你达到的水平是，15分钟内就提取出作者的问题、论纲和宏观目标。如果你只有15分钟分析每篇阅读材料，那你至少第二天能跟得上课堂讨论。要是时间充裕一点，你还可以提取论纲所基于的关键证据，然后从逻辑角度对它进行批判。我们在第二章中会更详细地阐述批判的技巧。

缩写复杂句

句子有时会把人压垮。句子里的短语和从句太多，我们的大脑必须加班加点才能看明白。应付这种麻烦句子的一种方法就是缩写。把细枝末节砍掉，调整句子结构，改写成简单句。去掉插入语，把主语、谓语和宾语挑出来。比方说，我们来看这一句话。

> 20世纪60年代初，德国历史学家弗里茨·费舍尔（Fritz Fischer）认为德国政府决定抓住1914年6月28日奥地利弗朗茨·斐迪南（Franz Ferdinand）大公遇刺带来的机会，采取了一种旨在引发欧洲大战的政策。费舍尔这一观点引发了一场大争论。

我用简单句复述如下：

费舍尔认为，德国在大公遇刺后意图开战。

我发现了主语“弗里茨·费舍尔”，然后问费舍尔先生做了什么。他提出了观点。没错，他引发了一场争论，但他是通过提出观点来引发争论的。那么，他的观点是什么？德国采取了一种政策。不过，采取政策显然不会有多少争议，因此这肯定不是重点。在研读这句话的时候，我问我自己，这句话的要义是什么，尤其是根据我目前对文章已有的了解来看？我知道文章是讲意外战争的，所以关键语句似乎是“旨在引发欧洲大战”。在缩写的过程中，我摘掉了大部分形容词，比如“欧洲”。于是，我写出了“费舍尔认为德国意图开战”。我或许甚至不需要加入大公遇刺的额外信息，但我现在还是放进去了，因为多了一点韵律感。

“费舍尔命题”一节首段的下一句话写道：

> 这个命题最早是在费舍尔的著作《夺取世界霸权》（*Griff nach der Weltmacht*）的一章中被拐弯抹角地提出来的……

在目前的搜索阅读阶段，我甚至不打算把这句话读完。我可以认定，这一段接下来会讨论费舍尔的争议性命题是如何提出的，可能还会讲它引发的反响。我接下来可以读后续各段的主题句，进行缩写和复述，然后决定目前是否值得深入阅读。因为我知道任何一本书、任何一章或任何一节的开头段和末尾段往往都是最重要的，所以我迫不及待地去看这一节的最后一段。

> 但是，我们无须在这里解决战争起源的问题。只要注意到一点就够了：可能的解读范围很大，因此我们用不着对德国在1914年的意图怀有特别阴暗的看法，便可以对“意外战争论”提出质疑。

简要复述如下：

现在就不要惦记战争的起源了。德国意图开战不是我们质疑“意外战争论”的必要条件。

接着来看下一节“作战计划的刻板性”的第一句话：

> 主张德国政府在1914年有意识、有计划地制造了欧洲大战的观点相当薄弱。

复述有时是不必要的。现在清楚了。我们知道了作者如何看待费舍尔命题，或至少是这个命题的一个极端版本。他认为费舍尔命题有问题。我们对这篇文章的主题、目标和结构也有了良好的认识。

本章回顾

我刚刚介绍的阅读法适用于几乎所有的人文社科文本，只要是议论文就行。主动阅读的要点如下：

- 读书要抓论纲，不能只看内容。
- 搜寻和批判每一条论纲。
- 运用五步法来定位和评估作者的问题、论纲与关键证据。
- 尽量发现作者的宏大目标。
- 以主副标题和小标题作为发现论纲的线索。
- 用自己的话复述每个重要句子的意思，然后写下来。
- 复述主旨句，跳过重复或深化已知观点的段落。
- 挑出主语、谓语和宾语，缩写复杂句。

如果你被动阅读的话，“书本僵尸”就会吃掉你的脑子，还会毁掉你的求学体验。你要解析文本，打败“书本僵尸”。用自己的话复述关键语段是对抗迷惑的最有力武器之一。随着主动阅读水平的提高，你就能够清晰有力地写作和发言了。在处理任何学术文本的过程中，五步法配合“复述后写下来”的策略不仅能让你定位作者的问题、论纲、关键证据和宏大目标，还会方便你进行文本批判，也就是我们接下来要聚焦的内容。

第二章

如何阅读（下）：文本批判

你已经为做出有力的批判，也就是对作者论纲的严谨分析做好了充分的准备。当你站在教授、同学面前时，你不会担心赤裸裸地暴露自己的大脑。相反，你会坚定地相信自己的批判既是严谨的，也是无懈可击的。

学生们常有这样的经历：你在读一本关于某个主题的书，作者的论证似乎很有说服力。你发现自己一边读，一边赞许地点头。你心满意足，觉得总算解开了一个心头谜团。但是，当你开始读下一本同主题的书时，满足感很快就消失了。这位作者对相同的现象提出了一种完全不同且可能与前一本书相矛盾的解释。后一个作者的说服力似乎不亚于前一个作者。接着，你又读了第三本书，迷惑又加深了。哪一个作者的回答才是正确的？如果你不能判断谁是对的，那你第二天要怎么到班里去讨论这个文本呢？

让你的阅读技能再上一个新台阶吧！随着你逐渐完善解析学术文本的能力，你还必须学会如何批判文本。对于这个过程，大多数学生要么觉得困惑，要么觉得煎熬。困惑是因为他们无法理解要求；煎熬是因为他们理解了要求，但不知道如何做到。

所以，是时候直言不讳了。顺便说一句，朋友们管我叫“真相贩子”。我宁愿别人马上告诉我牙缝里有菜叶，也不想过了一整天，晚上才在浴室的镜子里发现菜叶，我就是这样的人。我知道未必人人会认同我，但我觉得与其想到自己一整天对那么多大人物咧嘴笑，结果招来对方的反感，还不如忍受剔除菜叶带来的短暂不适。现在，我就要揭露关于你的批判水平的残酷真相了。

教授评判你的思维能力的方式之一，就是看你做出的批判。这不是唯一的方式，也不是终极的方式，却是一种主要的方式，而且会给人留下强烈的印象。你的批判反映了你的思维方式。有力的批判意味着头脑的逻辑性与分析性较强。批判甚至能暗示你的情绪状态，展现你的侧面人格。简单说，当你交出书面或口头形式的批判时，你是在赤裸裸地彰显你的大脑。为了避免因为露丑而被捕，你需要知道两件事：

1. 批判是什么，批判不是什么。

2. 提出有力批判的基本方法。

批判是什么，批判不是什么

批判是对作者论证的分析，是严格深入地检验作者主张的完备性。归根结底，论证要么站得住脚，要么站不住脚，要么一部分站得住，一部分站不住，最后一种情况更常见。你的任务是判断著作的优劣。

批判不是读书报告。学生有时会觉得，自己要归纳作者写下的内容。一个学生在课堂上站起来，基本上复述了一遍文本里讲的内容。“作者先讲了这个，再讲了那个。然后说了另一件事，接着又说了些别的。”这是错误的！不要这样做，那是中学生干的事。进了大学和研究生院，你必须对文本进行批判。我很快就会解释批判的真意。

批判也不是抱怨。假设一次课堂讨论的主题是施努尔德尔迈尔（Schnurdelmeyer）教授对维多利亚时代晚期文学中神经崩溃现象的开创性研究，如果一名学生在课上说出了下面任何一条评论，那么你就要知道，这是抱怨，不是批判：

写得太无聊了。

写得挺有意思。

字太小了。

他用了拉丁短语，我又不讲拉丁语。

他老是说“诸如此类”，真是太烦人了。

我看不懂。

我猜他是对的吧。

这是对文本的无谓观察，没有启发性。顺便说一句，我在课堂讨论里听学生说过上面的原话，类似的话还要比这多得多。上课时不要讲这种话。教授不在的时候，你可以跟朋友们去说，但不要让教授或同学觉得你不知道批判到底是什么。

不要做廉价的批判

你会发现一种特别有诱惑力的做法就是批判作者没有做什么，因为这样做简单。例如，如果作者写的是肯尼亚的政治动乱，你会听到有的同学会批判作者没有讨论邻国坦桑尼亚、索马里或其他国家的动乱。如果作者分析了三趾树懒的交配习性，有的同学们会批判这位学者忽略了二趾树懒。这些都是廉价的批判。一本书或一篇文章是有边界的，每一个作者都必须划定界限，因此你永远可以批判作者没有探索界限外的事物。此类批判只有在一种情况下才是有益的，那就是作者因忽略了某些内容而极大地歪曲了我们的认识。比方说，你在批评一部托马斯·爱迪生（Thomas Edison）的传记，作者没有讨论爱迪生的继母（我不是说爱迪生真的有继母，我是为了方便教学现编的）。如果爱迪生的继母反复要求爱迪生发明留声机，如果她为他提供了研究资金，那么作者的疏漏就相当严重了。换句话说，如果你要批评一名作者没有做某件事，那这件事必须是与理解主题相关的关键事项。

批判的策略

在进入我们将要一起批判的实际文本之前，我要先带你宏观鸟瞰一下这个过程。在你每一次开始批判之前，你都要将下面讲的概念和方法牢记于心。

论证结构图

列出论证的基本要素有助于进行批判。把问题、前提和结论（也就是论纲）写下来。把支持论证的关键证据也列出来，要用准确达意的简短句子，要质疑每一个假定是否合理。你能找到许多关于批判性思维、逻辑谬误和论证分析的书[①]，我就没必要赘述了。下面是我给出的概述，只是为了带你走上正确的思考方向。

你可以攻击一个论证的逻辑部分，也可以攻击它的实证部分。大体来说，你可以从三个主要的正面发起进攻：论纲、方法、信源。

论纲：考察根据前提能否符合逻辑地得出结论。研究的结果会不会是由其他原因造成的？结论是否言过其实？通常情况下是的。建议：如果有人用“开创性”“突破性”“革命性”来形容自己的作品，就要对其抱有怀疑。

方法：考察研究方法是否适合研究内容。若换一种方法，能否得出同样合理的其他解读？标准是否定得太高或太低、太宽或太窄了？

信源：信源是新还是旧？如果是新信源，它是真的促进了我们的认识，还是仅仅证实了我们已经知道的东西？如果

① 可参考新华出版社出版的《批判性思维与说服性写作》《论证是一门学问》等。

是旧信源，作者有没有采用能改变认知的新视角，有没有对旧记载提出新问题？学术研究应当推动我们对人、事或时代的认知。因此，要问一问文本是否达成了这样的目标。

如果你详细考察了作者的论纲，对其推理过程进行了严格的检验，那么你就能做出有力的批判。如果你最后得出结论：作者是正确的，那也没关系——尽管发现论证漏洞总归是更有意义一些。要记住，没有人能写出完美的书或文章。缺点总是有的，但常常被精心隐藏。但如果你一开始就怀着质疑的心态，假定自己能够找到缺点，那么你的批判很可能就会是严格缜密的。

实战演练

与前面一章的做法一样，我们要解析一篇真实的学术文本，并对其进行批判。首先运用第一章讲的阅读方法，目标是迅速确定作者的论纲。按照我们的方法，抗击“书本僵尸”的第一步是停下来思考主副标题和其他所有的小标题，把它们看作是提示作者主旨的线索。那么，我们来看约翰·米勒（John Mueller）的一篇轰动性文章，题目是《大战过时论》。

如果你猜测作者的论纲是大战已经过时了，那我要说，你猜得真挺准！作者们为什么不能都这么直白呢？当然，他的论证很可能要更复杂一点，但标题大概已经点明了文章的关键。

那么，我们首先要确定论证的哪些要素呢？我们需要知道他说的“过时”是什么意思，还需要知道他说的“大战”是什么意思。为什么有些战争被称为大战，有些被称为小战或中战呢？知道他的术语定义当然会有帮助，我们甚至也可以在知道定义之前琢磨一下他的论证主旨：大战真的过时了吗？他要如何加以证明？他在论证过程中会做出哪些假定？

请注意，除了标题以外，我们连文章的一个字都还没有读，但已经大致了解了作者的论纲，也对批判这篇文章需要做的事情有了一个总体认识。要记住，批判是严格分析作者的论证，考察文章的优劣。略读文章时，我们需要牢记自己的目标。作者的主要论断是大战已经过时了，而我们现在需要寻找论断中的薄弱环节。但是，我们应该从哪里开始找呢？

我们要运用值得信赖的阅读方法，从全文的最后一段读起。我不会再逐句指导，是时候让你自己处理一整段文字了。别担心，我马上就回来。现在，我要你仔细阅读下面这段话，思考它包含的假定。

> 于是，在某些方面，决斗与奴隶制已亡而战争尚在，这是一个饶有趣味的事实。但是，有迹象表明，战争也开始像决斗与奴隶制一样开始走向过时

了，至少在发达国家是如此。与决斗和奴隶制一样，战争似乎并不是生活必需品——它不是一个令人不快，却因人性或宏图而不得不为之的存在。人活着不需要战争，没有它反倒活得更好。战争可能是社会的弊病，但从一些重要的方面来看，它也是一种可以摆脱的社会伪饰。

每当你面对一个重要的段落，比如全书或全文的末尾段，你不仅要提取作者的论纲，还要提取论纲的前提假设。先自己试试看，然后再看我是怎么做的。与往常一样，我并不宣称我的归纳完美无缺。如果你列出的点和我的不一样，那也没关系；但如果有重叠的点，那大概是一个好迹象，表明我们的路走对了。如果我们都挑出了某些点，那它们有很大可能是重要的。

前提1：战争是一种社会伪饰，不是人性的必然。

前提2：战争与其他已经不再流行的社会行为相似。

结论：大战正在消亡，因为它类似于决斗、奴隶制和其他某些过时的社会行为。

当然，你不能只读最后一段，你应该用非线性方法阅读全文，你要跳着读，浏览看上去重要的主旨句。从这篇文章末尾段往上数两段，一个看上去重要的主旨句就出现了。这句话开始谈决斗和奴隶制了。既然作者似乎要将战争比作决斗和奴隶制，那这一段就很可能值得我们细读。你要一边读，一边用自己的话复述每句话，试着归纳核心观点。

> 决斗和奴隶制不再是现实存在的了，它们从人类经历中退场了，只有在书里还能读到。尽管它们并非不可能重现，但经历了一个世纪的默默无闻，它们没有表现出复兴的迹象。还有一些曾经在发达国家流行，甚至受到推崇的制度已经或正在消亡，因为到了某个时候，它们开始看起来令人反感、不道德或者不文明了，如逗熊游戏、随意处刑、无端虐待动物、烧死异端、吉姆·克劳法[①]、家族仇杀、有意制造痛苦的公开死刑、小罪判死刑、鞭刑、公

① 吉姆·克劳法：泛指1876年至1965年间美国南部各州以及边境各州对有色人种（主要是针对非洲裔美国人，但同时也包含其他族群）实行种族隔离制度的法律。——编者注

> 共场合吸烟……当然，战争与决斗、奴隶制不是一回事。与战争一样，决斗是一种解决纠纷的制度，但它只涉及“名誉”问题，不涉及实利。与战争一样，奴隶制曾经在人类生活中几乎无处不在、看似是生活不可避免的一部分，但它可以逐步被各地废除。废除了奴隶制的国家不一定要担心其他国家怎么做，但想要停止战争的国家仍然必须担忧其他继续使用武力的国家。

上面这段话为作者的主张提供了进一步的证据。它也支持了我们读完末段后得出的前提和结论。不过，作者还阐释了另一个重要的观点。你注意到了吗？在第三句，他写道：其他社会行为之所以过时，是“因为到了某个时候，它们开始看起来令人反感、不道德或者不文明了”。你时刻应该留意这些句子，因为里面有关键词“因为”。你应该对因果论断保持警觉，而“因为”这个关键词正是表示因果论断的有用线索。让我们来复述下面这句话，并加以分析。

> 还有一些曾经在发达国家流行，甚至受到推崇

的制度已经或正在消亡，因为到了某个时候，它们开始看起来令人反感、不道德或者不文明了。

我的复述：

有些做法已经或正在消亡，因为它们被认为是令人反感的。

现在，我们可以这样来修正对作者论纲的概括：

结论：大战正在消亡，因为它被认为是令人反感的，就像决斗、奴隶制和其他某些过时的社会行为一样。

加入“令人反感的”这个方面之后，我们对论纲的表述就更精确了。

对逻辑提出质疑：批判实操

现在我们有两个任务：第一，检验前提是否合理；第二，考察从前提中能否符合逻辑地得出结论。这就是批判论纲的要义。

前提1：战争是一种社会伪饰，不是人性的必然。

米勒写道，战争是一种社会伪饰，是可以摆脱的。按照我的解读，这意味着他认为战争的起因不是人性，而是社会建构的行为。如果战争是社会建构的行为而不属于人性的“米勒之说”正确，那么他的战争过时论就可能是正确的。但是，如果他错了——如果战争其实是人性的一部分，那么战争就不会过时，除非人性的这一面发生改变。米勒似乎完全没有论证人性的改变，至少在最后一段（他应该在这里总结主要观点）里没有。事实上，他的做法恰恰相反。他似乎要论证战争是由人类的社会行为造成的，而且这些行为一旦被认为过时了，便会消亡。

因此，第一个前提依赖的假定是：战争是一种社会现象，而非人性固有之物。

我们再来看第二个前提，检验它的假定。

前提2：战争与其他已经不再流行的社会行为相似。

我们可以对这个前提的两个方面都提出质疑：战争与其他社会行为相似，以及那些其他社会行为消亡了。米勒承认战争与决斗、奴隶制不完全一致，但他依然主张它们足够相似，从而暗示战争正在过时，正如已经过时的决斗和奴隶制一样。那么，这是真的吗？奴隶制已经消亡了吗？我要知道这篇文章的确切发表时间。该文面世于1989年，之后发生了几件事，其中一件就是奴隶激增。[1] 随着全球性暴力团伙

① 就像我之前建议的那样，如果教授布置你读一本书里的（接下页）

势力的增长，拐卖妇女儿童的现象在全世界抬头，大部分受害者被迫卖淫或从事家政劳动。甚至有人估算，当今世界的奴隶人数超过了非洲奴隶贸易高峰期的奴隶人数。[①] 因此，我们可以说奴隶制根本没有消亡，只是改头换面了而已。不过，我们也要为米勒说句话，奴隶制曾经是一种得到社会认可的社会制度，美国总统、社会精英、种植园主等有产阶级拥有大量奴隶被认为是完全体面的。但今天，几乎没有人认为蓄奴体面，这也是奴隶贸易非法化和隐匿化的原因。因此，在这个意义上，米勒的观点也不无道理。

现在，我们可以来考察他列出的曾经得到认可、如今据说已经消亡的社会行为，并逐个进行质疑，看它们能否站得住脚。

(接上页)某一章，那你一定要看看书本身，提取出作者在整本著作中的论纲。同理，如果布置的是一篇文章，你一定要上网查查作者之后有没有把它刊载为某本书里的一章(或者某一章的一部分)。然后，你可以比较原文和收录在书里的版本。就这篇文章而言，米勒后期的版本与原文有微妙的差别。如果你花时间做这些额外的研究比对工作，你会给教授留下深刻的印象。接下来，你可以指出后期版本的修改之处，并追问这些改动对其主张的合理性有何影响。——原注

① Ethan B. Kapstein, “The New Global Slave Trade,” *Foreign Affairs* 85, no. 6 (Nov.-Dec. 2006). ——原注

决斗？是啊，用手枪解决纠纷的人是不太多了。咦，再细想一下，黑帮成员难道不是成天这么干吗？只不过不是隔着20步罢了。那公共场合吸烟呢？我觉得他说得对，这在美国当然被视为不雅。因此，我们必须扪心自问，米勒到底在论证什么？他是在说这些行为彻底消失了？还是在说它们在社会上不受欢迎，因此变得少见了？回头看文本的话，似乎是后者。有一个关键的句子暗示了这一点：

> 还有一些曾经在发达国家流行，甚至受到推崇的制度已经或正在消亡，因为到了某个时候，它们开始看起来令人反感、不道德或者不文明了。

米勒列出的一部分做法已经或正在消亡，但也有一些并未消亡。比如，在互联网的作用下，在有些国家或地区畸形秀甚至变得更流行了，这是有争议的。我们至少可以逐个质疑他列出的每一项。在这个过程中，我们就开始动摇米勒论证的稳固性了。

我们接下来必须要问的是，行为消亡是不是因为它们令人反感（或被视为不道德、不文明）。公共场合吸烟消亡是因为它令人反感，还是因为它被认为有害健康呢？或许兼而有之，但它一开始之所以令人反感，很可能是因为它被认为有害健康。请记住，米勒似乎主张大战之所以正在消亡，是因为大战与其他曾经常见的社会行为一样，正在变得令人反感。但是，如果他列举的其他社会行为其实并未消亡，或者不是因为令人反感而消亡，那么米勒的主张就变得摇摇欲坠了，这是你通过质疑假定的过程动摇了它。

既然我们发现了作者论纲中可能存在的一个弱点，那么另一个弱点也就昭然若揭了。要是战争与那些其他社会行为不够相似呢？要是战争有其独特性呢？如果你能令人信服地证明战争与其他社会行为事实上有着足够大的差异，那么米勒的主张就不仅会动摇，而且会摇晃了。

此外，通过揭示假定，你发现了论纲的一个缺陷。一个假定是，战争与其他社会行为有足够的可比性。米勒做出的另一个假定是什么呢？

要记住他的核心主张：与其他某些社会行为一样，大战正在变得过时，因为大战正变得令人反感。到目前为止，我们关注的是比较的部分。那令人反感的部分呢？要是令人反感不一定会导致事物消亡呢？战争有没有可能虽然令人反感，但还是会继续存在呢？也许还有其他因素的作用。也许引发战争的因素太多了，以至于尽管战争面目凶恶，但人类还是愿意进行战争，因为战争给某些人承诺了某些收益。话说得再耸人听闻一点，要是有些人偏偏被战争的令人反感的一面所吸引呢？如果你能给出一个有说服力的论证，表明令人反感不足以让战争过时，那么米勒的整个论纲就不仅会动摇和摇晃了，它会被直接击垮。

我们来回顾一下刚刚做过的事。首先，我们阅读并思考了文章的标题，将其视为提示作者论纲的线索。我们初步地表述了论纲——大战过时了。接着在认真阅读最后一段后，我们对之前的表述进行了完善。研读完了最后一段，我们拆解出基本前提与结论，并用相对简短的句子表达了出来。然后，我们列出了前提和结论的一些基础假定。只要把这些假定单独列在一张纸上，你就能发现论证逻辑的缺陷。最后，我们逐个部分地考察了论纲：先检验战争与其他社会行为相似的前提，再考察战争会因为令人反感而消亡的命题。通过这个过程，我们揭露了作者论纲中可能存在的重大弱点。

我刚刚讲述的批判过程应该适用于几乎任何学术文本。

按照这套流程阅读全文，你会提示自己重点关注与文本的主旨相关的重要句子，你发现重要假设和逻辑疑点的速度就会大大提升。简单地说，你已经为做出有力的批判，也就是对作者论纲的严谨分析做好了充分的准备。当你站在教授、同学面前时，你不会担心赤裸裸地暴露自己的大脑。相反，你会坚定地相信自己的批判既是严谨的，也是无懈可击的。

本章回顾

- 批判不是抱怨。
- 批判不是读书报告，不是对作者所写内容的复述。
- 批判是严格分析作者的论纲，考察优劣。
- 有力的批判只会在一种情况下讨论作者没有做什么：对一些内容的忽略会严重影响我们对主题的认识。

要想给出有力的批判，你需要：

- 用一段话清晰地表述论纲。
- 用简明的句子列举主要前提和结论。
- 说明每个前提依据的主要假定。

- 质问从前提中能否符合逻辑地得出结论。

前两章讲了学术文本的解析与批判，能帮助你养成在学术界取得成功所需的最基本的初步技能。不要指望自己在读完这两章以后就能一下子掌握其中的方法。熟能生巧，所有的技能都是如此。

但是，熟练分析文本只是培养良好的学术素养的第一步，你还需要强大的批判阅读能力，以便开始自己的写作。现在，你必须专注于撰写结构合理、逻辑严密、结论完备的课程论文、研究报告以及最后的硕博论文了。幸运的是，清晰而不失文采的写作和发言都是有法可循的。接下来的两章会告诉你如何打磨发言和润色文字。

第三章

如何写作

你在所有写作中都有一个至高的目标：
清晰高于一切！

大多数学生的写作方法都像现代抽象艺术一样。他们以为，只要朝屏幕泼上一桶词语，这些词语就会莫名其妙地自行组装成一幅完整连贯的图画。还有一些人把文字当成炫彩拼贴画的一部分，可以天马行空地任意布置。可惜，读者不知道你脑子里在想什么，也没法钻进你的脑子里去。你的任务是握住读者的手，温柔地领着他穿行于你的思维之中。你要让读者准确地知道你是怎么从 A 走到 Z 的——从启发你写文章的问题，到你发现的答案。不仅如此，当读者来到 Z 点（你对文章问题的回答）时，他们还应该意识到你的答案是正确的。学会如何做到这一点是你在学术界最紧迫的目标之一。

你在所有写作中都有一个至高的目标：清晰高于一切！

在学术活动的方方面面——阅读、写作、发言、研究，都要追求清晰。你的思考越清晰，你在阅读、写作、发言和研究中就越能做到清晰。反之，你在阅读、写作、发言和研究中越能做到清晰，你的思考就会越清晰。

本章会给出以下三样东西，帮助你写出清晰的文字：

1. 关于迅速讲到重点的建议。
2. 文章结构公式。
3. 让句子出彩的策略。

开门见山

运用可伦坡原则

在20世纪70年代有一个电视剧人物——可伦坡（Columbo）侦探，扮演者是知名性格演员彼得·福尔克（Peter Falk）。这档电视节目最令人惊讶的特点之一是，尽管每一集的基本情节如出一辙，但节目依然人气高涨。例如，一个有钱有势的人犯下了一桩精心策划、看似无迹可寻的谋杀案，破衣烂衫、出身工人阶级的可伦坡侦探最终破了案子。令人惊讶的是，这部剧有一个几乎与其他所有杀人悬疑剧不同的地方：观众在开场前几分钟就能看到犯罪实施过程。换句话说，剧情根本没有谜团，我们从一开始就知道

“谁是真凶”，而真正的谜团是看可伦坡如何破案。

你的文章要像可伦坡的剧情一样，不要让读者一直猜你的论纲是什么，要一上来就直接告诉读者。谜团（我们有时候称之为“叙事张力”）的来源是，我们好奇你如何得出了这个出人意料的论纲。

结构清晰

下面有三条写文章的公式，每条都运用了可伦坡原则，适用于从研究报告到硕博论文的所有学术写作形式。公式滥用就会千篇一律，那可不是我们想要的结果。因此，公式是刚上手的时候用的。一旦你适应了学术写作，你就可以调整或者抛弃这些公式了。

公式 1：把你要回答的问题放在第一句

请看下面几个例子：

人们为什么会给再也不会去的餐厅的服务员小费？

2012年突尼斯革命对区域稳定有何影响？

废品回收对环境总体上有何影响？

叶芝（Yeats）的政治观念对其诗歌有何影响？

西塞罗（Cicero）为什么支持元老院？

为什么国家有穷有富？

在第一段后面的句子里，你要阐述和解释问题。第一段的最后一两句话要提出你的论纲。

我们来设想一下第一段会是什么样子。

人们为什么会给再也不会去的餐厅的服务员小费？给小费是一种激励手段，好让我们下次来同一家餐厅时获得优质服务。但是，大多数美国人在停车路边、高速公路出口和不可能再去的地方的餐馆用餐时也都会给服务员小费。这只是习惯使然吗？还是社会制约下的一种反应？又或是说，这种行为的根源解释了某种人性深层的东西？我的研究表明，在外地餐厅给小费的做法主要源于一种根深蒂固的阶级团结意识。

这篇文章接下来可能会论证说，美国人在外地给服务员小费是因为他们对工薪阶级有同志感情。作者可能会引用数据（这是我的假想，实际可能有，也可能没有）表明，美国富人给小费的频率低于中产和工薪阶级。就我们的目的而言，这里重要的不是论证本身，而是第一段的结构。开头抛出一个问题，一个没有明显答案的问题。如果问题的答案是显而易见的，那你就需要马上解释我们原本的想法不正确。接下来的几句话解释和细化了问题，将问题的范围局限于美国人，而不是全世界的所有人。这里还解释了“再也不会去的餐厅”是什么意思。然后，最后一句话回答了段首的问题。这就是你的论纲：论证是“谁是真凶”。就这样，你在第一段话里就明确讲了你在研究什么，还有你得出了什么定论。这样你就运用了可伦坡原则。

文章接下来要提出你的数据，循序渐进地论证论纲。因此，我们才会花工夫看你后续的内容。我们想知道你是怎么从 A 走到 Z 的。你如何确定了阶级团结意识破解了外地小费之谜？我自己是想知道的，因此你最好讲得让人信服。但要小心：如果你想要用省略反面证据的方法，或者更可恶地用编造数据的方式来欺骗我，让我接受你的解释，你是会被发现的，我也会很生气。当你被拖进学术炼狱的时候，以上帝的名义，别告诉别人你读过这本书！

公式 2：把论纲放在第一句

更为大胆的办法是一上来就把论纲告诉读者。按照这个公式，你甚至不用等到第一段的末尾才提出论纲，而是让读者第一眼就看到论纲。放到侦探剧里，这就好比凶手不仅是在第一幕，而且是在第一个镜头就杀了人。从开始读你的文章的那一刻开始，我们就知道了你的底牌。第一段的其余部分需要解释你正在探讨的问题，还有这个问题为什么重要（与大问题的关联至关重要）。文章其余的部分要让我们相信你是对的。

我们来设想一下这些大胆的开篇句会怎么写。

突尼斯革命让埃及变得不稳定。

废物回收有害环境。

共和理念令叶芝在诗歌中强调自由。

西塞罗对腐败的痛恨，而不仅仅是个人野心，促使他支持元老院。

地理优势曾让欧洲人得以主宰世界。

现在，我们来设想其中一句话及其所属的完整首段内容。提出论纲之后，你要指出文章想要解决的问题，以此提供一定的语境。你要阐明论纲并将其与一个宏大议题关联起来，哪怕只是提一嘴。

地理优势曾让欧洲人得以主宰世界。长期以来，诸多领域的学者都在思考为什么国家有穷有富。全球财富权力分配的不平等是出自种族、文化、气候还是其他因素呢？如果我们理解了全球不平等的根源，会不会就能更好地纠正不平等呢？我认为，亚欧大陆的自然地理优势为欧洲人提供了巨大的先发优势。最终，这一先发优势使欧洲人曾经在历史上得以殖民了世界其他大部分地区。为了理解这个复杂过程是如何展开的，我们必须先退后一步，回到那个社会都还不存在的时代。

事实上，这正是对贾雷德·戴蒙德（Jared Diamond）的畅销书《枪炮、病菌与钢铁》（*Guns, Germs and Steel*）[①] 中观点

① Jared Diamond, *Guns, Germs and Steel: The Fates of Human Societies* (New York: Norton, 1999). ——原注

的粗略表述。让我们来逐句分析上面的每一句话及其功能。

第一句用大胆的断言来吸引读者：

地理优势曾让欧洲人得以主宰世界。

第二句表达了文章要解决的问题：

长期以来，诸多领域的学者都在思考为什么国家有穷有富。

第三句阐明了问题：

全球财富权力分配的不平等是出自种族、文化、气候还是其他因素呢？

第四句将这个问题与一个更宏大、更重要的问题联系了起来：

如果我们理解了全球不平等的根源，会不会就能更好地纠正不平等呢？

第五句和第六句进一步解释了论纲：

我认为，亚欧大陆的自然地理优势为欧洲人提供了巨大的先发优势。最终，这一先发优势使欧洲人曾经在历史上得以殖民了世界其他大部分地区。

如果用心写的话，段尾应该既引起读者的兴趣，又能平滑过渡到下一段。第七句做到了这两点：

为了理解这个复杂过程是如何展开的，我们必须先退后一步，回到那个社会都还不存在的时代。

论纲开篇至少有两大好处：第一，能向读者表示你言之有物。你不是在屏幕上胡乱凑字、东拉西扯、言不及义。这会给读者（通常是你的教授）很大的盼头，觉得文章里会出现一些具体的思想。第二，你会在写作时充分聚焦。你会不断问自己，你写的内容是否支持你的论纲。公式1——先抛出问题，自然也能做到这一点，但公式2——先给出论纲，是通过一种略有不同的方式。把论纲放在开头就是创建了一个心理快捷方式。你只要瞥一眼屏幕上方，就能马上提醒自己要论证什么观点。你或许自以为不可能忘记主旨，但当你迷失在写作过程中的时候，这种情况是有可能发生的。当你不确定是否应该加入某一段话时，全文的第一句话会帮助你做出判断。

公式3：写一段引人入胜的开头

另一种开篇方式是用引人入胜的故事。不过，我不建议你在熟练掌握前两个公式之前尝试公式3。按照公式3的方法，你要讲一个通常不超过两段的小故事，既能吸引读者，又能为问题和论纲做好铺垫。在介绍发言方法的那一章里，我会做进一步的阐述。现在，我们先来看一看两位杰出作家笔下引人入胜的开头。我之所以用海明威和奥威尔举例，不是要你努力模仿他们，那就把标准定得太高了。我只是想向你表明，巧妙的构思如何能够在一开始就抓住读者。

《弗朗西斯·麦康伯短促的幸福生活》（*The Short Happy Life of Francis Macomber*）是欧内斯特·海明威（Ernest Hemingway）的一篇搅动人心的短篇小说。它的开头是这样写的："现在是吃午饭的时候，他们全坐在就餐帐篷的双层绿帆布帐顶下，装出什么事情也没有发生过的样子。"

海明威一下子就勾起了我们的好奇心。显然有事情发生了，但我们不知道是什么。还有他们为什么要装出无事发生的样子呢？我们脑子里很快就开始构思情境和猜想了。我们现在想要探究真相。

过了几段，海明威又抛出了一个令人吃惊的句子。在用令人印象深刻的语言描绘了弗朗西斯·麦康伯之后，他写道："他三十五岁，身体非常健康，精通场地球类运动，也钓到过许多大鱼，刚才当着很多人的面，显露出他原来是个胆小鬼。"

海明威用惊奇之语吸引我们的关注。他先让我们有了一个想法，然后又揭示了一件不符合我们预期的事，把我们吓了一跳。他不只是让我们吃惊，也吸引住了我们。麦康伯做了什么事显露出他原来是个胆小鬼呢？我们想知道！

下面是另一个关于勾起好奇心的例子。在乔治·奥威尔的杰作《猎象记》（*Shooting an Elephant*）中，他写道："在下缅甸的毛淡棉①，我被很多人痛恨——在我一生之中，居然这么引起重视，也就仅此一遭而已。"

只用开篇的一句话，作者就让我们的大脑进入了活跃模

① 毛淡棉：缅甸孟邦首府，莫塔马（马达班）湾重要港口，缅甸第三大城市。下缅甸为缅甸地区名。——编者注

式。我们不禁思考，他到底干了什么事会招来这么多人的痛恨？他是杀人犯、小偷还是无赖？这就是精巧开篇的威力，它既能吸引读者，同时又设定好了问题与答案。之后的一切都应该会满足我们的好奇心。

我现在就听到你在问：将名家的文学手法与学生的学术论文相比较是否公平？你觉得我是要给你出难题吗？是要让你为自己不是海明威或奥威尔而难过吗？说到底，学术写作难道不是一种完全不同的题材，有它自己独特的文体与形式吗？

显然，学术写作的形式不同于其他类型的创意写作。尽管如此，学术写作其实也需要创意。你不能编造数据，但文笔可以也应该有创意。问题的关键在于：学术语言是非枯燥不可，还是也可以引人入胜呢？

我在本书中的目标是帮助你提升能力。一方面，如果你的想法不佳，或者根本没有想法，那么再精妙的文笔和创意也帮不了你。大多数教授能够看穿绣花枕头和文字游戏。另一方面，如果你有好的想法，但文笔不行，那么你的文章也会失去一定的光彩。如果呈现形式不佳的话，那么你的优秀思想也可能不容易被接受和欣赏。此外，还有第三个方面：

如果你既有好的想法，又能有力地表达出来，那你就想想你今后能取得什么成就吧！因此，听我的建议，投入时间来精心构思段落。

接下来，你马上会看到，一个行之有效的方法就是精练。

运用奥威尔法则

1946年，乔治·奥威尔（George Orwell）发表了一篇关于政治与英语语言的精彩文章，文中给出了六条清晰写作的法则。这些规则在今天依然适用，尽管需要做一些解释。下面我会列出奥威尔法则，并附上我自己的阐述。

1. 避免使用隐喻、明喻或其他常见的修辞格。

用我自己的话说：防止陈词滥调。

我真希望微软能开发出“陈词滥调检查”功能，就像

Word 里的拼写检查一样。既然微软没开发，你就只能自己动手了。你不需要软件，只需要鉴别力。如果一个说法很容易想起来，那就不要用，它很可能就是陈词滥调。一旦你学会了识别陈词滥调，你就会在每一个犄角旮旯里见着它们。你会看见它们像兔子一样抱窝，你会像躲避瘟疫一样躲着它们走。（看——没那么难，对吧？）

2. 用词当简则简，无需冗长。

这就是“说话要简单，傻瓜”（Keep It Simple, Stupid，简称 KISS）原则。学生们常常以为，必须用大词才能给人才智过人的感觉。但实际上，他们仅仅只是摆出了一副装腔作势的样子。因此，怎么想就怎么说吧，用简单的词汇和简短的句子说出你的思想内核。

3. 造句删繁就简，言简意赅。

这条本质上就是威廉·斯特伦克（William Strunk）的

精练建议："删掉多余的词语"。[1]我管它叫"排骨店"规则：切掉肥膘，只留下瘦肉。史蒂芬·平克（Steven Pinker）在2014年出版的学术写作指导书《风格感觉》（*The Sense of Style*）中主张，重要的不是字数，而是清晰。[2]我在一定程度上表示赞同。如果读者能轻松跟上你的思想，那句子长点也没关系。但是，本书主要面向的是本科生和研究生，如果你还是学生的话，我建议你将句子缩减到必要的最短长度。要记住，在传达你的意思时，你不应该用尽可能最少的词语，而是用最少的必要的词语。随着写作水平的提高，你可能想要写更长的句子。但是，在初级阶段，我认为写简单的句子会让你更好地传达思想。

大多数糟糕的学术写作都是含混的，文字浑浊，不清晰。之所以浑浊，一般是因为字太多。因此，你应该尽可能地把句子理顺。让我们来看几个通过删词让句子变得清晰的

---

① 威廉·斯特伦克的书初版于1919年。最新版是William Strunk Jr. and E. B. White, *The Elements of Style*, 4th ed. (New York: Longman, 2000)。——原注

② Steven Pinker, *The Sense of Style* (New York: Penguin, 2014)。平克强调，删掉多余词语是合理的，只要不走极端。句子也必须有风格，它应该悦耳、易记、有力。不是每个句子都能完全做到这三点，但至少每个句子都要清晰。——原注

例子。（顺便说一句，遇到不认识的词语时，一定要花几秒钟查一查。）下面的句子恍如我每个学期都会遇到的学生论文中的句子。

浑浊版：“本文认为，在繁重压力诱发因素的复合作用下，硕博学生常常会产生临床狂乱症状。”

知道我说的“肥膘”是什么意思了吧？这段话臃肿不堪。作者把能抹猪油的地方全都抹上了。我们要把这个小坏蛋带去排骨店，这块骨头上肥肉太多了。

清晰版：“研究生常常感到焦虑。”

浑浊版：“本文指出，在分析英式饮食的优点时应评估多个因素。根据一些观察家的看法，英式饮食可能具有某些品质，值得人们在选择用餐场所时予以认真考虑。”

上面的句子不仅不清晰，而且没干货，像是一纸空言，毫无真实价值。如果你想写出清晰有力的文字，就一定要删繁就简，给出有证据支撑的有力论点。

清晰版："英式食物营养美味，历史上供养了一个民族，英国饭店是用餐上选。"

这确实是一个不合常理的论证，让我们大吃一惊，因为很少有人会提倡英式饮食。第二句话列出的品质（营养、美味、经过历史考验）奠定了文章的结构。读者很快会看到你要用这三条核心证据来支撑论纲。有了这样的基础，你就不需要用那些俗套的说法了："本文将讨论 X，接着探究 Y，最后解释 Z。"与之相反，清晰版的开篇已经把你要做的事凝练成了一句话论证，从而预示了后文的内容。

4. 行文选择主动语态，摒弃被动语态。

我反复教我的学生这一条，但他们交回来的文章里还是充斥着"在本文中，以下观点将得到证明：……"（In this paper it will be demonstrated that ... ）。提交文章之前先检查一遍语态，看能不能去掉被动语态，换成主动语态：主语—谓语—宾语。

示例：

主动语态：我跑了比赛。（I ran the race.）

被动语态：这场比赛被我跑了。（The race was run by me.）

学生们喜欢用被动语态。我其实有时在想，他们是不是在跟被动语态谈恋爱。我道理也讲了，要求他们，乞求他们不要用被动语态，他们似乎也懂得区别。然而他们交上来的文章还是遍地被动语态。他们仿佛陷入了一段无法分手的恶性关系，抑或是他们与被动语态短暂地分过手，但很快就复合了。我认为这里首先要解决的是某种依存关系的问题，被动语态让你脱离了论证，与主动语态“我要论证 X”相反，被动语态结构“X 将要被论证”让“我”消失了。许多学生喜欢被动语态，是因为他们有躲在词语后面的隐藏愿望，他们还没有准备好做自己思想的主人。

最流行的被动语态包括以下几个句式：

在本文中，以下观点将得到论证：……（In this paper it will be argued that...）

本文中的研究表明……（The research in this essay demonstrates that...）

接下来会看到……（It will be seen that...）

我的建议：避开所有被动语态的用法，迎头上前，要使用“我”这个小可爱，然后接一个有力且积极的动词。

我主张……（I argue that...）

我表明……（I show that...）

我认为、我建议、我宣称、我证明……（l maintain, I suggest, I assert, I prove...）

你不是必须要用“我”这个代词，但不管你做什么，你一定要用主动语态！“本章”“本文”这样的词语可以用，但后面要接上一个谓语和一个宾语。“本章主张用主动语态踢被动语态的屁股。”

请注意，我前面引用的认知语言学家史蒂芬·平克，曾质疑去除被动语态的想法。他正确地发现，被动语态不无实用之处。因此请你注意，我的建议不是删掉所有被动语态——只是删掉大部分。多用主动语态，少用被动语态，你的句子就会动听、闪亮、发光。不要把被动语态全都删了，但被动语态只有在看上去合理的地方才能用。

5. 尽量使用日常用语，不要用外来词、科学术语或专业黑话。

我希望你能切实运用这条规则，但有许多领域充斥着术语，比如人类学。这里有一个例子："施努尔德尔迈尔教授倾向于扭曲指向湮灭的线性矩阵时间，这种时间既融合，又规避了对伸入人类世的跨时此刻多时相本体论的介入。"

在你得到终身教职之前，你可能都需要在一定程度上使用本领域的黑话。即使得到了终身教职，你还是要么继续谋杀语言，要么组织一伙反叛者，自己创立不用黑话的学术期刊，如果你希望文章发表的话。但是，如果你能凭借少用黑话的句子赢得教授的赞赏，那你不仅能让读者，也能让你自己省去许多烦恼。

6. 想要引人入胜，那就打破规则。

事实上，奥威尔在我上面引用的《猎象记》的段落中就打破了他自己的第4条规则，也就是关于被动语态的那一条。“在下缅甸的毛淡棉，我被很多人痛恨……”但这句话比“很多人痛恨我”的效果好。在这个特殊的例子中，被动语态突出了紧张感，强调了奥威尔是被痛恨的对象。它还反映了文章的一个主题：奥威尔自身的被动地位。因此，写作永远要用判断力，但通常情况下，我推荐使用主动语态。

7. 说重点，求你了！

我还要在列表中加入第七条——这是我的规则，奥威尔没有说过。但是，我认为乔治会同意的，如果他做我的工作的话。大多数学生论文都是写了一段又一段、一页又一页，不停地绕着话题转圈，就是从来不说重点。我把这个毛病叫作“给酒保找事”。

为了让你明白，想象你跟我去酒吧喝酒。酒保问我：“要什么？”我说：“加冰威士忌。”然后酒保又问你：“你要什么？”你说（想象你一边说，一边摆弄自己的领结）：“我说，兄弟啊，你这个问题问得好。自从开天辟地，人类就享用各种美酒。据说，古希腊人会在山羊睾丸里酿绵羊奶酒，养牦牛的蒙古国游牧部落……”

主啊，求你救救我！对你的教授来说，这是残酷非人的折磨。请不要用喋喋不休来折磨你的读者。我让我的学生们发誓，我希望你也来发誓。请举起右手，清晰地说出：

“从今往后，我会说重点。”

我给你公式和规则的一大目标，就是逼着你立即说重点。这些方法会让你聚焦，不会满篇绕圈子，拯救你的教授仅存的理智。

下面是另一些能提高学术写作清晰性与可读性的策略。

加小标题

大多数学术文本都有多个不同的思维单元。一般先是导论，接着是背景介绍，然后是详细说明原创研究，最后是结论。每个单元都相对独立但又彼此联系。从一个单元转向另一个单元时，要试着加入小标题，提醒读者即将出现不一样的新内容了。小标题能帮助作者和读者在头脑中整理这些单元，有助于有条理地思考。你不能噼里啪啦地一段一段往下写，而应该精心设置边界，在边界内组织自己的思维单元。

不要说大话

自从开天辟地，学生们就开始写“自从开天辟地”这样满过头的话了。这样做是一定要吃亏的。“自古以来”“人人都知道……”会立即引人质疑。还没等你开始解释，读者就会质疑你的主张了。另一个常见的大话是：“历史表明……”我表示怀疑。历史很可能也表明了相反的情况。你的主张要指向明确、根基扎实。或者用我那年事已高的英国博士生导师的话说：“你必须加强这个论证的‘铜底’。”我因此觉得他是“老铜底”，不过你可别告诉他。我希望他不会读这段话。但是，如果他读了，那么我希望他知道，我很感激他坚持要求我夯实论据。当你说大话的时候，你的主张就会太过宽泛，以至于几乎不可能辩护。因此，不要让空话削弱你的观点。

不要告诉我们字典里是怎么写的

论文里不应该有这样的句子：“X在字典里的定义是……”这是最糟糕、最俗的套路之一。我知道你能想出一种更具原创性的方式来定义你的术语，或者讨论你的材料，写东西不要犯懒。我前面讲过陈词滥调，用在句子结构上也是同理。如果你马上想到了一个句子结构，你很可能应该丢掉它，发明一点新花样。除非你在写一篇词典学论文或者百科全书史，否则不要引用韦伯斯特先生[①]。

确保逻辑通畅

下面这句话有什么问题？

尽管我最喜欢开心果口味的哈根达斯冰激凌，

① 韦伯斯特先生：指的是韦氏词典，即以“Merriam-Webster”为商标的一系列英语词典。——编者注

但这家公司的财务状况极其危险。

这句话的前后两部分没有任何逻辑关联。

优秀写作最大的难点之一，就是保持逻辑通畅。[①] 在句子内部和邻句之间，思想都必须遵循合理的次序。我们常常沉浸在自己的脑海里，以至于忘掉了读者的头脑。如果没有一以贯之的逻辑，读者就会糊涂。以下是三种纠正的方法。

1. 校对自己的文章时全神贯注。

2. 请朋友审阅你的草稿，并让他们专心做这件事。

---

① 对有些人来说，一点额外的辅助手段有助于逻辑梳理。推荐思维整理软件的危险在于，等到本书付梓的时候，也许已经出现了更优秀的新软件。请记住这一点，然后这里有一些学生和学者们目前觉得有帮助的技术解决方案：

DEVONthink是一款能帮助你整理文件、PDF、网址和笔记的应用程序。如果你需要一款工具来检索自己的资料的话，不妨试试这一款工具。

Zotero的主要功能是添加参考文献。与历史悠久得多的EndNote一样，Zotero能迅速将你引用的书籍或文章转换成正规格式。它还有许多其他功能，包括抓取和存储可能会下线的网页。

EverNote（印象笔记）与Zotero功能类似，两者是竞品关系。它提出了一个大胆的承诺："整理你的人生"。就个人来讲，我喜欢亲手整理自己的人生，但显然有些人喜欢将这件杂事外包给科技。——原注

3. 从后往前读你的文章，每次只读一句话（这种做法还有助于发现拼写错误）。

结论加入转折

凡是读你文章的人，都希望你的论纲至少有一点是出乎意料的内容，因为如果你讲的是显而易见的事，那读者干吗还要浪费时间读你的文章呢？不要当那种耗费了几十年光阴，试图证明从蚯蚓粪便中不能提取出光的疯狂科学家——大家都知道不行，而经过几十年的研究，他证明了大家是对的。你的文章应该有附加值，即便你最后确定传统观点是正确的，你也要给出关于正确原因的独到见解。也许传统观点虽然正确，但不是因为大家过去以为的原因，也许你能提供另一种看待问题的方式。单纯把读者已经知道的事情告诉读者的论文没有附加值，不会推进认识，不会得到关注，也不应该让你获得学位。

大多数人的结论只是复述一遍论纲。尽管这有助于读者回想你的论点，但你不仅需要如此，你还需要让读者相信你是正确的。下面介绍一种方法：

单独拿一张纸或者打开一个页面，分点列出你的所有论据——你在全文中用到的证据，然后按照说服力高低排序。接着拿出第二强的点——第二有说服力的证据，在结论的开始部分讨论它。

下一步是提醒我们注意你的其他点。你不需要复述这些点，只需要以某种方式提到它们。想象你的读者一边跟着你的逻辑走，一边赞许地点头。你说明了你的所有证据如何支撑着你的论点，为读者做好缓冲，以便他们接受当头棒喝。正如你所料，最有力的一个证据要放在最后——它相当于沾着火药、残留着受害者血液的手套，里面还有恰好符合嫌疑人 DNA 的毛囊。当你以最强的论点作为结尾时，读者就有了好的理由去接受你的主张。

之后，在关于如何做研究的章节里，我会强调学术其实不在于修辞。有人误以为搞学术就是说服，赢家是最会说道理的人。其实不是这样的，学术是追寻真理。你的任务是提出正确的问题，发现正确的答案。你未必总能找到，但至少希望通过真诚的研究与推理，使读者更接近真理。就像英国人说的那样，尽力而为吧。失败没关系，但为了说服别人相信你的论证，那就有关系了。要注意这个关键的区别。你首先要做研究，找到你所研究问题的答案到底是什么。一旦你找到了那个答案，你就要用最有说服力的方式来证明自己的观点——不是为了证明你自己是对的，而是为了向他人展示你的结论的力量。因此，在写文章的时候要记住：先找到你的问题的答案，在此之后，再带着理性之光陈述你的论据。

本章回顾

说一千道一万，学术写作必须清晰。其实这一点很少有人能完全做到。读到浑浊的文字时，我不禁怀疑作者根本不知道自己在讲什么，只是躲在文字的后面。下面简要列出了几点帮助你清晰思考、清晰写作的建议与方法。

- 运用可伦坡原则。第一段就说出你的问题和答案。这样一来，我们就会知道（你也会知道）你到底想要说什么。
- 要讲出乎意料的内容，不要只讲众所周知的事情。如果你非要得出显而易见的结论，那也要告诉读者有关旧思想的新东西。

- 开篇段落任意选用下面的三种公式：

  公式 1：把问题放在第一句。

  公式 2：把论纲放在第一句。

  公式 3：写一两段引人入胜的小故事，然后是问题和论纲。

  它们可能会让你的写作刻板化，但一开始没关系。随着你更加娴熟和自信，你可以开发出更有创意的方式。

- 加入小标题，使结构清晰。小标题能帮助你整理自己的想法，也能引导读者跟随你的论证。
- 运用奥威尔法则，但也要看我给出的注意事项。任何规则都不能无脑套用。规则只有在合理的情况下才能运用，裁判只能是你自己。
- 不要“给酒保找事”，要讲重点。

做好这些简单的事情，你的思想就会从你的大脑神奇地传入读者的心里。诀窍就是思路清晰！

第四章

如何发言

在任何形式的学术报告中，不管是课堂展示、会议发言还是职场谈话，你都有两个主要目标：吸引和启发。

你被要求做一次关于某本书、某篇文章或其他阅读材料的课堂展示——你慌了。你害怕在同学面前出丑，你害怕你回答不出教授的提问，你感觉自己惊慌失措。或许你正在经历上面所说的一切，甚至更多。嗯……听起来不太妙。深呼吸，要知道不是只有你一个人这样。当众发言是排名第一的常见恐惧事项。这里有一些具体方法能让你有所好转。我不能完全消除你的焦虑，而且实话说，你也应该有一点紧张，紧张有助于发挥。紧张会让你说话有激情，做事有能量。少许紧张是好事，只有让人手足无措的恐惧才需要担忧。即便是那样，我们也能让你平安度过。现在，让我们聚焦于帮助你提升能力的公式吧！

本章的建议不仅适用于课堂讨论与展示，也适用于大多数形式的公开学术发言。如果你留在学术界的话，你就要经常做展示。我知道许多学者有严重的报告前焦虑症，但他们终究找到了克服的办法。他们从未真心喜欢站在一群人面前表演，但他们做到了事业成功所需的事情。本章主题不是关于公开发言的心理层面，而是旨在教给你结构：一种看待任务的方式，一套执行任务的公式。如果你感到焦虑，结构能大大缓解你的紧张情绪，让你在整个过程中都会有抓手。

对了，既然提到了抓手，这里顺便提一条心理建议。发言时找一样东西抓着，如果别人看不见你抓东西的话。如果你站在讲台上，那么一只手藏在讲台后面，抓着一样东西，比如橡胶球、沙包或其他任何东西，只要是那种就算捏爆也不会伤到你的东西就行，也可以把手插在口袋里，如果衣服有口袋的话。我有时会用铁制名片夹。我会把紧张感全都集中到抓握动作上，然后放开拳头，这对我确实有帮助。

言归正传，我要在本章做两件事：

1. 简要说明你在任何学术报告中都要达到的两大目标。

2. 给出报告展示的结构公式。

发言的目标：吸引和启发听众

归根结底，你在任何报告中的使命都包括两个简单的部分：第一，你必须吸引听众。这就意味着要让所有人始终保持关注。在你发言期间不应该有人打鼾，也不应该有人随笔乱画。第二，你必须启发听众。你的发言必须让听众有所收获，哪怕他们学到的只是你在一个问题上的立场或是支持该立场的原因。只要你能做到这两件事，你就远远超过大部分发言者了。

在本科或研究生阶段，你第一次做展示很可能是要批判某一篇或几篇文本。你可以运用前几章里关于搜寻和批判论纲的建议。我很快会讲一些将批判融入课堂展示的方法。在此之前，我要确保你明白一点：即使不做展示的时候，这些阅读技巧也同样实用。例如，这些技巧在课堂讨论时会派上用场。通常情况下，已经有别人开始讨论，解释了作者的论纲。如果还没有，那太好了，你就有机会站出来，概述你认为作者真正在阐述的内容了。论纲一经确定，讨论接下来一般就是评判论纲的优劣，或者文中包含的分论证。课堂讨论是加深理解的关键环节，也是能给教授留下深刻印象的重要方式。讨论对提升学术发言能力至关重要。所以，我们要花一点时间来学习如何应对这种情境。

讨论的策略

在讨论做展示的结构之前，我要先给出一些日常课堂讨论的建议。不用做正式展示不是你在课堂上当哑巴的理由。你需要积极参与到对每周阅读材料的批判中。课堂讨论的目的应该是加深对文本的理解。如果教师谙熟引领讨论的技能，那么每次当你下课时，你都有望对作者的论点是什么、论点是否合理、与论点相关联的大问题等内容有更清晰、更细致的认识。这里描述的是好的课堂讨论，可惜讨论有时是糟糕的，但这里有一些改善讨论的策略。

每次上课的时候，你都必须参与到课堂讨论中。我不想让你上课时躲躲藏藏，希望没有人注意到你的沉默。也许确实不会有人注意到你的沉默，但我想让你自信起来，敢于发表自己对每一篇文本的解读。我在第一章中给出的阅读技巧应该会帮助到你。不过，如果有盛气凌人的学生试图霸占讨论时段的话，那么参与讨论可能会特别可怕。你要留意这些可恶的同学。几乎每个课堂都会有这种人，他们属于那种喜好逢迎的人（通常语调尖厉），他们会努力在每一个讨论的回合中插嘴，打断你的课堂发言，贬低你的分析，甚至可能向教授说你的坏话——当然了，是暗中隐晦地说。不过，你不能朝他们开枪，最好的方式是用智力碾压他们。如果不行的话……那就组团吧。

交友永远好过结怨，但有些人就是不明白这个简单的道理。完成本科和研究生学业就够难了，你当然不想完全一个人承受。即使你不在乎朋友和同道情谊，也请你考虑一下自己的职业发展。到了以后，如果你以学术为业的话，你的老同学有可能就是你竞聘岗位的招聘委员会成员。他们可能是期刊审阅专家、奖项评审委员，甚至可能就是你的审稿人。在理想世界中，评审流程是完全匿名和公平的。如果你发现了那个世界，请你马上把坐标发给我。但是，在你发现它的坐标之前，与人为善是大有裨益的。道理尽管如此，有些家伙就是不懂。在课堂讨论中，他们通常嘴巴很大、不守规矩。

如果你发现每次课堂讨论都被某些人霸占，教授又是个喜欢安坐倾听，相信最优秀的学生会想办法生存下来的社会达尔文主义者，那么抱团也许是最好的抵御之道。与善良的人团结起来，把讨论时段夺回来。发言时互相做好铺垫，传棒接力。当讨厌的家伙要插嘴时，先让他们享有他们应得份额的时间，然后就打断他们，以其人之道还治其人之身。那么讨论可能会形成下面这样的格局：

你："作者论纲的一个主要缺陷是，他假定——"

你句子说到一半，讨厌的大嘴巴斯马尔米娜就插了进来："实话说，我觉得这句评语没有切中要害。我认为……"

你停下了一段时间，刚好达到公允的程度，但不会再多等了："斯马尔米娜提出了一个有意思的想法，但我认为，我们其实需要把重点放在……（此处插入精彩发言。）事实上，康、贾内尔和我之前就聊过，我们发现……（此处插入尖锐评论。）康，你能不能阐述一下你之前说过的话？"

康是一名和善而害羞的同学。他说："好呀，当然可以。我的观点是……"讲完自己的观点后，他说，"有意思的是，贾内尔有另一种解读。贾内尔，你是怎么说施努尔德尔迈尔的背景，还有他的分析如何受到其背景影响的来着？"

贾内尔聪慧过人，也特别礼貌。他说："施努尔德尔迈尔教授小时候被父亲装在麻袋里打过，我认为这段经历很可能影响了他对作品中男性权威人物的描绘。"

于是，你和朋友们通过接力讨论的方式，从斯马尔米娜手中夺回了一部分讨论时间。你们显然不能总是这样做，也不应该堵住斯马尔米娜（或其他任何人）的嘴，因为那是不公平的。你不能像她当初对待你和朋友们那样去贬低和堵嘴，而要运用抱团的力量，用坚决而体面的方式掌控局势。如果斯马尔米娜最后明白不能像以前一样霸占讨论时段，我也不奇怪。只要你挺身而出，而且力量更强，恶霸往往就会迅速服软。（我这里讲的力量只是社会压力。）她也许不想永远不合群，如果她回心转意，你就要张开怀抱欢迎她。交友胜于结怨。斯马尔米娜或许有一天也会进审阅委员会呢。

教室里还有一种常见的场景：教授提出了一个关于阅读材料的思考题。在其他人陈述观点的时候，你在静静地思索问题。正当你组织好想法、准备发言的时候，另一个人把你的想法一模一样地说了出来。然后，讨论就进入下一个问题了，于是你觉得错失了一个提出启发性观点的重要机会。

一个有益的方法是使用正确的词汇。刚刚发言的人讲的话很可能与你要说的话并非一模一样。你很可能可以加入一点细微的变化，甚至还能做得更多。你需要的就是加入讨论。下面给出一些能帮助到你的短语。

“我想顺着（piggyback）鲍勃刚刚说的话讲一点。”然后，你用自己的话把观点表达一遍，承认与鲍勃的观点相近，但要强调细微的差别。

其他实用词语包括：

强调（underscore）

强化（amplify）

修饰（modify）

突出（highlight）

限定（qualify）

阐发（elaborate on）

不要说“复述”（reiterate），因为重复说一遍鲍勃的话没有意义。你的目标是发掘文本理解中更精微的道理，从而为讨论做出贡献。

不管是为了课堂讨论，还是为了做课堂展示，或者只是为了做研究而阅读文献，你在求学期间都要一以贯之地批判文本，本科生如此，研究生亦是如此。当然，本科生常常会有以讲授为主、没有讨论时间的大课。但是，即使这种大课也可能有单独的讨论环节。在任何讨论中，文本批判能力都会给任课教师、讨论主持人和你的同学留下深刻的印象。但是，更重要的是，积极批判学术文本会动用你的大脑，让你对逻辑谬误更加敏感。这种觉知能力反过来又会积极影响你的学术成果。

现在运用你对文本解析与批判的理解，看一看如何借此让自己在舞台上发光吧！

打造展示

如果课堂展示有了具体目标：在批判作者论纲的同时吸引和启发听众，那么你要如何打造出这样的展示呢？接下来，我会给出一套帮助你起步的公式。

五步迭代法

请注意“迭代”这个词，它的意思是，你要来回重复这五个步骤，直到你做好展示的准备，或者直到你没有时间了，又或者直到你烦死了，宁愿在你与心仪对象约会时承认自己爱的是贾斯汀·比伯（Justin Bieber），也不愿意再花一秒钟来练习发言为止。和前面一样，我会先列出步骤，然后加以解释。

第一步：表述论纲。

第二步：撰写完整发言稿。

第三步：独自排练。

第四步：对着别人排练。

第五步：听取反馈，从头再来。

接下来，你要重复整个过程，融入听众的反馈意见。我们姑且将第一次迭代叫“二期”吧，过程大致是这样：

第一步：如有必要，重新表述论纲。

第二步：重写发言稿，修正里面的错误。

第三步：再次独自排练。

第四步：再次对着别人排练。

第五步：收到新反馈（最好来自另外的人），重新开始。

我们来依次讨论上述步骤。在第一步，你要确定自己打算论证什么。没有论点就不要在听众面前现身。关于你读过的内容，你要有主旨，有基本论点，有你想表达的观点。在运用写作方法那一章里我讲过同样的方法——将论点凝练成一句话。言简意赅的开场会抓住听众的注意力，并且吸引住他们。

在第二步，你要把发言稿完整地写下来。这样有助于你发现哪些内容需要说，哪些需要删掉。你也可以给自己计时，这个方法非常重要，没有人喜欢七担八挪、做事超时的展示者。如果要求你讲10分钟，就不要讲15分钟或5分钟，要遵守规定的时间。展示太短显得水平不足，好像你胸无点墨、无话可说；展示太长则会让听众厌烦和恼怒。守时的唯一方法就是计时排练。

在第三步，你要私下出声做展示。你可以录音，如果你觉得有用的话，但重点是要适应脱稿演讲。你不能照着稿念，没有什么事比听人读准备好的稿子更枯燥的了。相反，听别人看似自由地发言要有趣得多。你之所以写下发言内容和排练展示，是因为你要确保你清楚自己讲的是什么。你不能，也不应该对着全班念稿。当然，这样做的人很多，打鼾的听众也很多。唯一例外的是，如果你已经是公开发言大师，知道如何举重若轻、自然流畅地表达，使自己看上去完全是即兴发言，那么，你大概也就不需要读这一章了。如果你达不到，那就暂且听我的建议吧。独自排练，不要试图把每个字都背下来，而要从整体上把握你想说的话，然后做笔记。你在课堂上可以使用笔记，但不能用全文。

笔记要包含关键词和发言要点。你已经私下做了排练，也将发言裁减到了合适的时长，所以是时候制作笔记了。把笔记拿上，叫来几个好朋友。要选正直的朋友，就是那种会告诉你牙上沾了菜叶、拉链没拉好、观点有漏洞的朋友。

在第四步，你要对着你的朋友讲，请他们在你发言时做笔记。最后，他们应该能说出你的论纲是什么、你用了什么论据，还有最重要的一点，他们的厌倦程度到底有多高。另一个需要反馈的方面是，他们具体在哪些时候听糊涂了，把重点放在这些地方，你必须用更简明的语言来复述这些点。

在第五步，你要查看朋友们的所有意见，认真记录下来，透彻研究，然后团成纸球。他们还自称是朋友呢？这些傻瓜是什么人啊？他们听不出天才的声音吗？开除所有这些朋友，再找新朋友——什么都不用你做，自己就能准确知道你想说什么的聪明朋友。你需要会读心术的朋友。我说真的，真的有那么多问题要提吗？

就发言和写作而言，残酷而令人沮丧的真相是：别人压根不知道你脑袋里面在想什么。在做这两件事——发言和写作——的时候，你的任务是领着其他人游览你的思想。如果你害怕完全暴露，那就必须先做好清理工作。不要把游览路线弄得跟迷宫一样。你的路线要清晰笔直，让听众从 A 直接走到 Z。那么，在这个过程中，除非你开口问，否则你不可能确定听众的想法。既然如此，你就必须收集他们的反馈。不要傻傻地以为自己能搞定，在实际展示前拒绝当着其他人的面排练。在现场听众面前练习，是了解你的观点到底讲得有多清楚的最佳方式。对你来说，你的观点当然是显而易见的，但是，没有人能轻松跟上你的思路，达意清晰才是难点。据我所知，唯一可靠的办法就是对着朋友和爱人练习你那生疏的演讲，并希望他们真心爱你。

发言、写作以及教学都不是在考察你的所知，而是在考察你向其他人解释你所知东西的水平。你对主题的了解是次要的，传递知识的能力才是第一位的。如果其他人无法理解你说话的内容，你就失败了。（别怪我说话糙，你花钱不是找我当老好人的，而是要寻求实用的建议。）

五步法是一种结构性方法，它可以帮助你为任何展示做准备。下面是一些展示方面的技巧和窍门——是能够帮助你达成吸引和启发两大目标的额外手段。

四大要素

下面是在你的有力的展示中能够辅助你记忆的四要素口诀。我称之为“HEFT”。我会先列出要素，然后逐个解释。

1. 开篇有“钩子”（Hook）。
2. 逐点列分明（Enumerate）。
3. 过渡须插旗（Flag）。
4. 结尾要转折（Twist）。

如果你讲完时大大松了一口气，那最后还可以加一个Y：欢歌（Yodel）庆过关！

开篇有“钩子”

花时间写一段引人入胜的开头。与优秀的文字一样，优秀的开头会影响受众的体验。如果你开头写得好，那么等你进入比较枯燥的环节时，要保持听众的注意力就会容易得多。你的“钩子”可以是一段与主题密切相关的趣事。为了保证效果，这件事必须是班里大多数人不知道的，你肯定不想开篇讲一个广为人知的故事或名言。如果你不确定一件趣事的知名度有多高，就在排练时看看听众的反响，再到周围打听一下吧。另一种做法是讲笑话，但你讲的笑话不能是班里大多数人都知道的，并且必须确实好笑（找人试一试），而且最重要的是，笑话必须与报告主题有关。这些都是严格的标准，如果你没有满足以上标准的笑话，那就不要讲了。

逐点列分明

讲完开头的“钩子”之后——你也可以选择不用钩子，马上就列出你准备讲的观点。比如，你可以这样说：

> 我今天要做四件事：
>
> 1. 概括作者的主要论点。
>
> 2. 指明论纲背后的核心假定。

3. 找出作者的关键论据。

4. 对论纲进行批判，解释论纲的两大缺陷。

在讲话的时候，你甚至可以每说一点，就多伸出一根手指。这会将听众的注意力吸引到你的要点上，进一步表明你的讲话结构清晰。这样一来，听众就知道会听到什么，也能更有序地做笔记。顺便说一句，你要讲的点不要超过五个。如果多于五个的话，你的讲话就会显得太拥挤或者太混乱。你也许能搞定，但那需要精雕细琢。有人喜欢把要点列在一张单子上，打印出来，分发给听众，这是一种额外的视觉辅助工具。我不用这个方法，但我相信它肯定可以起到好的作用。怎么习惯就怎么来，只要能帮到听众，只要能让你清晰地表达。

顺便说一句，我前一章里提到的认知语言学家史蒂芬·平克反对所谓的“路标”：一开始就把你要做的所有事情都列出来。文章里的路标确实很无聊，一上来就让文字死板了。路标通常是这个样子：“我在本文中会先做X，再做Y。最后，我会以Z作结。”与其告诉我们你打算做什么，直接做会有力得多。但是，发言和写作不一样。对大多数人来说，看字的时候总可以回头查阅你前面写过的内容，而听别人讲话时要跟上思路就要难得多。听众需要更多的“抓手”才能跟上你的发言。如果你只是讲故事，那用不着路标。但是，在发表学术讲话时，你必须记住，大多数人并不擅长追踪听到的要点。就我个人而言，我是个盲人，多年来我不得不训练自己用心听讲，找出发言者的主要观点。事实上，我认识的大部分盲人学者都具备这项技能。但是，大多数视力正常的人欠缺这种能力。如果你没有这项技能的话，你可以也应该培养它。当你面对一群人发言时，你需要——用俗话说——“行行好”，把要点讲得更明白。列出要点就是一种方式。[1]

过渡须插旗

在发言的过程中，你应该找到过渡部分，短暂停顿，好让

① 你可能已经注意到了，我每一章开头都设有路标，列出了我要做的事。尽管路标确实一般会让文字变得死板，但本书是辅导工具书，目标就是高效地教给你基础技能。因此，既然我的目标不同于学术论文或研究报告，那么路标也就是实用的了。路标有提示作用，让你的大脑知道要学什么。路标对正在听报告的听众也有帮助。但与此相对，你写学术论文的时候应该使用我在“如何写作”那一章里讲的方法。——原注

听众跟上。比方说，讲完第一点或第一节后，你可以说，“我要讲第二部分了”，然后把题目说出来，就像你一开始列出所有要点时一样——“指明论纲背后的核心假定”。这会唤醒听众。要是有人走神，没跟上你的讲话思路，这样做会让他们重新集中注意力。听众还会知道你要讲下一大块内容了。你短暂停顿比如说10秒或20秒（你感觉时间很长，但其实根本不长），听众就有机会消化你说过的内容。要记住我之前强调过的一点，听众不在你的脑袋里，跟上你的思路是困难的。你需要抓着听众的手，引导他们通过你的思想。明显的过渡部分就像一个路标，上面写着：“好了，我们现在要稍稍右转了，抓紧我。”

结尾要转折

结尾永远是重要的，一定要给人留下深刻的印象。曾经有一名作家说过，好的写作要有适时的意外。现在是时候来一点意外了。不要单纯重复一遍你说过的话，像大多数人一样，而是要给听众一点新东西，要讲你之前没有讲过的内容。在展示中，等你归纳完自己的主要思想后，要做出下一步的逻辑推论。也许你的分析表明，作品还有更大的问题，或者整个学科都有更大的问题；也许你的批判暗示，领域内有一些需要进一步探究的方面；也许你的评论展示了作者确实富有深刻见解，相比之下，其他大部分作品就显得浅薄。不管你怎样结尾，都要让听众有余音绕梁之感。如此一来，你便既吸引又启发他们。正如乔治·布什（George Bush）所说："任务完成。"嗯……我又想了想，还是不要太快下结论吧。你的结尾应该引发讨论，而非带来灾难。

运用多媒体

坦诚地说，我是一名老派人物，根本不用多媒体。我和当年读研时一样，没有 PowerPoint，没有炫酷视频，我就是站起来发言。你猜怎么着？其实学生喜欢这样，聚焦实质能让你做了不起的事！

话虽如此，我明白你们年轻人里有不少人——当你开始说“你们年轻人”这种话时，你就知道自己正在变老了——钟爱 PowerPoint。如果你确实不能自已，我建议你参加“戒 PowerPoint 会”（PowerPoint Anonymous）。我听说这个组织有一套12步的方法。

如果 PowerPoint 不存在的话，我的老派建议会是花时间想通难题，想出有趣的、原创的、巧妙的方式来表达你的主题。直接站起来发言——在你坚持运用五步练习法之后。你付出越多，收获就越多，你也会越自信。

好吧，我承认在有些时候，对某些主题来说，视觉呈现手段确实有益处，尤其是对于严重依赖图标和定量数据的社会科学工作者来说。有的时候，一小段视频或音频也能提升展示水平。如果是这种情况，那么我强烈建议你在实际上台之前反复排练你要用的所有多媒体材料。我经常看到课堂展示的学生一上来就播放没有人听得见的音频、毫无意义的视频，或者播放要么复杂到跟不上，要么简单到无趣的PowerPoint幻灯片。如果你要使用多媒体，请在练习环节展示给朋友看，然后提前到教室，趁着还没有人来的时间做好调试。确保展示顺畅进行，以免你站在教室前面手忙脚乱地解决技术故障，度过好几分钟的尴尬时刻。

在展示中运用多媒体还有一个需要注意的重要方面：多媒体材料必须与你的发言内容直接相关。有太多学生想要播放电影、电视剧或YouTube视频里的搞笑片段了，它们或许会让大家发笑，却与当前话题或者学生要表达的观点不直接相关。多媒体材料必须践行与笑话同样的标准，必须有助于表达你的主要观点，否则就要摒弃。

简而言之，你必须确保 PowerPoint 或类似的视觉呈现手段与主题有相关性，同时你需要提前对一群听众做模拟展示，并在真实听众面前发言之前，一定提前做好练习。

本章回顾

在任何形式的学术报告中，不管是课堂展示、会议发言还是职场谈话，你都有两个主要目标：吸引和启发。两者兼得是明策，但如果你只能做到一点，请选择启发。

学者对枯燥内容的容忍度比较高，但不会容忍空洞无物。如果你担心自己的思想不足以启发任何人，那么做一个深呼吸，你要明白，你正在训练之中，会通过实践、观察来学习（当你听到一次很优秀的展示发言时，不要只顾着记下发言人说了什么，也要留意他是如何组织语言的，是如何着手于核心论纲的，还有他是如何在其他方面惊艳到了你）。但也要记住，你有第一章“如何阅读”中讲授的方法，能帮助你迅速把握作者的论纲和论据。既然你已经遵从了这种方法中最重要的一条建议——用自己的话复述读到的内容，然后写下来——那么，你就有能力去思考论证中的弱点了。

为了吸引和启发，你要练习上面讲述的五步迭代法。该法最重要的一部分是收集排练中的听众反馈。

此外，我还给出了如下建议：

- 开头放一个强有力的“钩子”。
- 罗列你准备要讲述的要点。
- 给过渡部分插上旗子，进入发言下一节的时候要告诉听众：“我要讲第二部分了。”
- 结尾不要仅仅概括你的论证，也要加入一点新花样，将你的展示与更大的议题联系起来。

清晰的结构有助于清晰地思考。随着技艺的提高，你会惊讶地发现，这句话说得真是太对了。

第五章

如何交往

你在教授面前的表现常常会决定你的分数、研究经费和前程。朋友们，那才是冰冷严酷的真相。

你大概已经听说了，研究生院会痛击你的自尊心，也许那不是一个让大多数人温暖舒心、感觉良好的地方。许多人为此感到烦躁，因为他们此前上学时一直都在受到表扬。研究生往往是高中和本科时期的优等生。老师和教授总是夸他们聪明，然而到了读研的第一周，他们在教室里环顾四周，心想："老天啊，我在这里干吗！其他人都那么聪明，我怎么好意思开口啊！"[①]

这是刚读研究生时学生们最常见的反应。我很少遇见没有过这种经历的人，除非是骄傲自大的讨厌鬼，或是聪颖过人、确实懂行的学生，但这种人比你以为的要少得多。

---

① 尽管本章是针对研究生，但有能力的本科生同样能够且应该受益于我给出的建议。每一位本科生都应该知道，搞好与教授的关系不仅仅对分数重要，对事业发展同样重要。在阅读本章时，请本科生思考如何将本章信息运用到本科生的情境中。——原注

因为有那么多研究生感受到了压力，所以他们往往会戴上想象中的知识分子面具。他们变得装腔作势，滥用黑话，从各方面努力扮演学者的角色。这种状况非常普遍，以至于心理学家给它起了一个名字："冒充者综合征"（impostor syndrome）。患者不仅仅有研究生，而且包含了一切要扮演超出自身知识能力范围的角色的人。

这一点在研究生的课堂中尤其引人发笑，因为每一个学生都在想象其他同学知道的东西比自己多。于是，每名学生都努力表现，使自己看起来更聪明，行为上表现为在讨论时大谈空话，同时希望没有人知道他所知甚少。这有两种可悲之处：第一，冒充者会感觉自己是个骗子，心如虫噬，从而影响他们自信用功。第二，冒充者会忘记自己还不被认为是学者，他们只是见习学者。请扪心自问：如果你已经知道自己在做什么了，那么你到底为什么要读研呢？行了，伙计们——你是来学习的。我不是说你应该装傻。我只是说没必要装腔作势。如果你不知道某件事，还有维基百科呢；如果你不理解某个概念，你应该求助于能给你解释的人，直到你理解为止。不知道没什么丢脸的，因为害怕暴露，所以装作知道，以至于一直不知道，那才丢脸！

因此，如果你有过自我怀疑的时刻（或者岁月），我想与你分享一个秘密：你的许多同学和你有同样的感受。那就放松一下吧，做几次冥想和深呼吸，接受一个事实：如果你已经进了研究生院，那你大概率能拿着学位离开研究生院——如果你掌握了适当的技能。

在前面几章里，我给出了一些培养研究生必备能力的技巧。那些是让你的分析思维加速运转的必要心理操练。本章将聚焦于情绪层面。我会给出研究生院里人情世故方面的世俗建议，其中有不少都涉及形象管理。不要低估形象的重要性。你在教授面前的表现常常会决定你的分数、研究经费和前程。朋友们，那才是冰冷严酷的真相。

与导师的关系

导师在你的人生中扮演什么角色？导师是指导你的研究生阶段学习与硕博论文撰写的教授。在选择研究生专业之前，你应该联系未来可能的导师，看对方是否有兴趣指导你。你也应该联系对方手下的研究生，看这个教授到底好不好相处。因为你要与导师密切配合，一同做好几年的研究，所以你需要与之建立积极的关系。如果你打算进入学术界，你肯定想学会导师的手艺，因此你必须营造出一种让导师愿意教你的氛围。即使你不想做学者，你也要与导师建立积极的关系，因为导师会帮助你度过研究生时光，教你实用的批判性思维能力，等你开始求职时也会给你写推荐信。

许多研究生刚入学的时候以为导师会像父母一样：温柔

抚育着学生，无私耐心地呵护着学生，助力学生的职业发展，在学生受挫时给予教导和安慰。有这种想法的学生还会相信邪不压正，只要努力就够了，学术成就取决于个人能力。嗯……我不想把你从美梦中唤醒。因此，我会试图用委婉的方式告诉你，读研期间考虑其他一些因素是值得的。

新闻快报：大多数导师首要关心的是自己的事业发展。我不是说导师只顾自己，只是说“首要”，我也没说所有导师，我说的是“大多数”。你们中有些人运气特别好，碰上了确实会投入大量时间为你付出的导师。不过，对你们中的大多数人来说，只要导师能及时、切实地给你的研究成果提出意见，那你就算运气不错了。

学术训练是研究第一，教学第二。有些学者甚至教了好多年书，都不十分擅长教学。他们不仅被要求研究出一流的学术成果，把课上好，而且余下的时间还要用来做令一些人难以应对的行政杂务。教授们疲于奔命，先是上午在系里开会讨论粉笔购置事宜，10点刚开完，10点半又要去参加全校教工大会，商议死胡同楼的新建厕所。你的导师本来打算见缝插针，在两场会之间的30分钟里抽出20分钟写几句会议论文，题目是《20世纪50年代塞尔维亚-克罗地亚电影中的哥特式寓意》。这时，你突然按照预约时间出现了，准备讨论你最近读的一章书。你的导师从来没有上过一堂关于如何指导学生的课，甚至连一个小时的研讨会都没有。现在，他被要求承担一项从来没学过的职责。他可能不仅没有扮演这个错配角色的耐心和脾气，而且在人际沟通方面也有一定的欠缺。坦白地说，作为你的导师，他可能是彻头彻尾地无法胜任。

我的建议是：调整你的预期。我没有说降低预期，我说的是"调整"。不要把导师当成朋友、老板、同事、父母或其他任何人，而要把他视为工匠，把自己视为工匠的学徒。你的任务是跟他学会一门手艺。

想象你是一名小提琴制作工匠的学徒。有些师傅会耐心演示如何给木头塑形，如何组装部件，等等。然后，他们会鼓励你自己制作小提琴，先表扬你的成果，然后温和地指出问题，并解释改正的方法。也有一些师傅会直接命令学徒做琴，完全不解释制作方法。一年后，当你的成果终于要接受查验时，师傅只看一眼就发现做得不行，于是把琴砸成了碎片，同时让你心胆俱裂、心灰意懒。因为学术匠人们的指导风格天差地别，所以在选导师之前尽量多打探情况是明智之举。但是，人未必总能称心如意，因此你可能不得不应对一个砸琴的师傅。在这种情况下，你必须懂得如何既经受尽可能少的心碎，又能获得尽可能多的指导。要做到这一点，首要的方式就是调整关于自己需要学什么的预期。

先搞清楚导师擅长的方面，然后加以分析。假设你的导师不擅长指导学生，那你就必须做一个主动学习者——不需要一步一步教的学生。（这正是本书的宗旨：给你恰到好处的抓手，刚好足够你走上正确的方向。）如果你的导师有傲人的发表履历，那就去研读这些文本，做到条分缕析。挖掘文章好的地方，并做批注。不要只做我在"阅读方法"那一章讲过的方法，不要找到论纲和论据就完了。要深入进去，确定文章的脉络。如果你的导师像许多学者一样喜欢谈论自己和自己的工作，那就约时间让他谈谈自己，想谈多久都可以。记下他所说的话，让他看到你在热心记录他的"金玉良言"。这不仅能帮助你学到他的手艺，也可能让他对你高看一眼。不要献殷勤、拍马屁，必须是你真心想学会他的本领才可以。

也许你的导师尽管人际交往能力差，但其实教课水平不错。这种情况下，不要上完课就完了，要研究他是怎么上课的。他的讲授是如何组织的？他是如何回答学生提问的？他是如何使用多媒体的？要掰开揉碎，仿佛你面前摆着一把斯特拉迪瓦里[①]小提琴一样。如果你怀着学习这份手艺的诚心去找导师，如果你提出了基于严谨观察的具体问题，那么他可能会对你刮目相看，把更多时间用到你身上。简而言之，你不能指望导师一定会具有娴熟的指导技艺。如果你想学会他的手艺，你必须主动出击。

我刚刚强调的是，研究生阶段的学习主要取决于你自己。此外，你要知道还有一件同样重要的事：研究生有时会误以为，如果自己不理解一个概念，那是因为自己不够聪明。这是错的，但许多教授不懂这个基本的道理。如果你尽力去思考一个概念，但还是不明白，那老师就有义务换一种方式讲解，不断想出不同的方法，直到你们共同找到了能让你明白的解释。人和人学习的途径不一样，但许多教授只会一种方法。对他们来说，怪罪学生悟性太差要比怪罪自己不善表达要好受一些。如果他们承认错在自己，那就需要投入

① 斯特拉迪瓦里（Stradivarius）：世界顶级提琴的代名词。安东尼奥·斯特拉迪瓦里，17世纪意大利制琴名师，也是历史上最杰出的小提琴制作师。他制作的每一把琴都堪称完美，成为人们收藏的珍品和后人仿造的范本。——编者注

更多的时间来思考另一种解释，而大多数学者都是没有时间的。因此，不要责怪他们，整体教育制度就不利于他们成为一名好教师。但是，也不要责怪你自己。如果导师不能或不愿用你能理解的方式解释一个概念，那就找别的能人吧。这可能意味着要联系其他同学、教授，或者校外学者。哪里有人能帮到你，就去哪里求助吧！

应对批评

在整个读研期间，你的想法总是会受到教授或同学的批评；事实上，毕业后很长时间里也会如此。不要把批评视为人身攻击，要把自我价值感和所受批评剥离开来。要知道你是在学手艺，而且学这门手艺不仅需要不断犯错，还需要你学会在为自己的想法辩护时不怀有或不显得怀有戒备之心。显得有戒备心是最糟糕的事情之一，这是软弱的标志，且常常会引来嗜血的鲨鱼。换句话说，如果你看起来好欺负，别人就会加倍撕扯你。下面有几条应对批评的建议。

别人批评你的时候，要适当地点头，回应时要面带笑容。

认真听别人对你的批评。做好笔记——如果这样有助于你整理思路的话。记下对方言论的核心关键词。在对方说话的时候，要一直用肢体语言表示你在关注他说的话，而不是他这个人。这意味着你要在恰当的时机点头，或者发出“嗯”或者“啊，说得对”一类的短句。当他说完时，你要花一点时间来整理思路。沉默几秒钟是可以的，仿佛你在思索他说过的话。你可以闭上眼睛，或者望着天花板沉思。然后等你准备好了，就笑着做出回应。

我一开始通常会赞扬批评者的意见具有启发性，如果确实有启发的话。如果别人提出的看法合理，那就直接承认吧：“你对 X 的看法可能是正确的”，或者“你关于 Y 的观点很有力”。这是一种礼节。接下来，你必须确定要选择哪个方向，你有以下几种选择：

1. 承认你的立场整体站不住脚，然后崩溃大哭，谁劝都没用（不推荐）。

2. 承认批评部分成立，但指出你的错误无碍于你的整体观点。批评者常常会聚焦于主旨以外的边缘问题。他们会寻找你的防线上的任何漏洞，然后发起猛攻。不要因此乱了阵脚。回应之前先问问自己，批评的焦点是你的核心论纲，还是次要方面。如果是后者，而且批评成立的话，那就承认吧，然后把讨论的焦点拉回你的主要论证。

3. 承认批评者聚焦于你的立场某处核心疑难问题，并感谢他让你有机会更充分地探讨这个问题，你之后可能会进一步加以研究。接着，你要解释为什么你认为你的解读或评判是正确的，但也要承认答案不是非黑即白，正因如此，这才是一个令人着迷的问题。当然，这样做的前提是你的立场没有被批评者的发言彻底颠覆，否则的话，你也许就不得不彻底抛弃自己的立场了。这种情况偶尔会发生，这就算是学习经历吧。正如电视剧《火线》（*The Wire*）中的人物奥马尔（Omar）所说："都是局中人。"

接受批评是做学术的一部分，不要以为是批评者针对自己。你读研是要学习一门学科的手艺。因此，回应批评时永远要保持礼貌。当别人批评你的成果时，要关注他们的话如何能让你的作品变得更好。不管他们的实际意图是什么，你都要假设（或者想象）他们真心想要帮助你取得进步。没错，我知道有时候很难不为别人的批评而感到灰心丧气、萎靡不振，乃至觉得遭到了人身攻击。此时，要记住这其实是你的自尊心在作祟。你的自尊心在大喊："等等！我只想受到表扬。你为什么不满足我？”答案是：表扬可能是你想要的，但未必是你需要的。如果你真心想成为一名十分优秀的研究生，那就要克服自尊心的作祟，倾听言辞之下的内涵。内涵永远是这样的：你的成果有缺陷，需要改进。这并不意味着你的人格有缺陷，那只是对你在某一时点做出的某一成果的评论。因此，要明白怎样做才能进步，然后埋头苦干。时间是紧迫的，你舔舐受伤的自尊心越久，你拿到学位的时间就越长。

形象管理

在研究生开学第一周，第一次上课时，一名研究生宣称自己每天上课前都会到处扔棒球，还邀请所有人加入他。这就是他留给导师的第一印象：不是正经人。顺便说一句，他后来没有拿到博士学位。我并非暗示他的失败是由第一印象造成的，但我相信他在教授们面前的表现让他的形象每况愈下。我在前面强烈反对装腔作势，建议你不要伪装作假。但请不要误解我，我不是说你应该装成一个文化人。我只是说，你应该表现出自己是一名严肃的研究生、一名致力于求学的学习者的样子——而不是不懂装懂的人。下面是一些表现严肃性的合理方式。

着装得体。如果你真是一名工匠学徒，那就认真对待学徒生涯，并且表现出来。穿着得体的衣服去上课，观察教授和同学。显然，如果教授系领带，但学生全都不系，那么你系领带上课肯定会显得格格不入。但是反之，如果大家都穿得较为正式，你穿短裤和 T 恤衫就会显得不够专业。所以，穿着得体需要你相机行事。

提交作业宁早勿晚。频繁要求延期交作业的学生会给人留下非常坏的印象。偶尔迟交当然情有可原，但不能形成习惯。相反，如果你能提前交作业，而且作业清晰又有思想（如果你遵循本书的建议，那你很可能会做到），那你就会显得聪明精干。有条理和规划的人在这方面有着巨大的优势。如果你本性散漫，我建议你读研的时候逼自己做个有条理和规划的人。如果你患有拖延症，那可能就要寻求帮助了，但这种人有时候也可能坚持下来。我有一个朋友，直到截止时间前几个小时才把硕士论文打印出来。他的女朋友在旁边帮他整理章节，因为他打印出来的顺序是乱的。原因是，他在打印论文的时候其实还在写部分章节。他的女朋友发现了一个重大错误，善意地提醒他改过来，结果他来了句："哎呀，这个等到最后一分钟再说吧。”女朋友的耐心在那一刻耗尽了，她大喊道：“亲爱的，这就是最后一分钟！”顺便说一句，他最后确实获得了博士学位，但用了超过10年的时间。

保持积极心态。如果你从没读过戴尔·卡耐基（Dale Carnegie）的名著《人性的弱点》（*How to Win Friends and Influence People*），现在赶紧去买一本，好好消化吧。这本书阐明了关于情绪反应的简单真理，还给出了情绪管理的基础建议。[①]

在任何关系中，不管是恋爱关系、工作关系还是其他关系，消极心态都是一大不利因素。因为研究生院会打击人，于是学生往往会把自己内在的问题外移到外部。你几乎一眼就能认出这种学生，他们总是在抱怨，缺钱啊，作业没完成啊，毕业论文进展不顺啊，等等。如果你发现自己陷入了这样一种不吐不快的郁闷情绪中，那就找一个外校的朋友

① Dale Carnegie, *How to Win Friends and Influence People* (New York: Simon & Schuster, 2009)，首版于1936年。Susan Cain, *Quiet: The Power of Introverts in a World That Can't Stop Talking* (London: Penguin, 2013)有力地纠正了卡耐基的观点，两本书应该都要读。——原注

或恋人去交流吧。不要朝你的教授们倒苦水，如果你有一个只有教授能解决的具体问题，那你当然要去处理，但你要尽可能地表现积极。我希望读者能明显看出，我讲的不是少数确实令人震惊的大事，比如父母去世、患上重病或其他人生变故。没有人能在这种情况下保持积极，你也不应该假装积极。我讲的是普通的、日常的、让人心情郁闷的失望。人人都有失望的时候，当你失望时，尽量不要在教授面前表现出消极。如果你在大多数时候能保持积极，那就会引来好事。这不是什么了不起的秘密，只是常识罢了。

保持公私边界。有时候，因为学生想和教授交朋友，所以偶尔会分享过多信息。但一般来说，过度分享私生活是不明智的。如果教授问你周末过得怎么样，你可以讲讲你读过的一本有趣的书，不要讲醉酒或者风流韵事。语言也要注意，如果你喜欢污言秽语，留着跟朋友们说去吧，别跟教授讲。显然，如果你与某位教授相知多年，也建立了亲近的关系，那么上述规则有可能不适用。但是，如果你刚读研究生，你和教授彼此正处于相互了解的阶段，当然还是要保持好距离。

教授有时也会越界。教授偶尔会要求研究生给自己办私事，比如看家、遛狗、看孩子、餐厅订位等。在我看来，教授这样做是不妥当的，尽管有些人认为完全可以接受。事实上，当这种事情发生时，会让想与教授搞好关系的研究生马上陷入尴尬的两难。就算你愿意做这些杂活，我也不建议你干。这不仅会模糊工匠学徒的边界，也会让其他研究生心生不满，他们会觉得自己不是教授的宠儿，因为教授没请他们帮忙。如果教授向你提出这种要求，我建议礼貌回绝。你们可能会有这样的对话。

强人所难教授："小爱呀，你能不能来我办公室一趟，我有话跟你说。我就是想啊，我去外地开会的时候，就是那个关于古罗马雕塑中的男性气概的会，你能不能帮我看看家呀。"

小爱："强教授，你能想到我，把家托付给我，这让我受宠若惊。因为我给自己定了一条规矩，要保持师生边界，所以我不能做，不过我愿意想一想有没有其他人有空。"

强人所难教授感到对方暗示自己行为不妥，有点不高兴："哎呀，也就是需要给花浇浇水，还有些小事。我不知道'边界'问题从何说起啊。"

小爱笑得很甜，但立场坚定："强教授，你提出要求是完全没问题的。还是那句话，我确实受宠若惊。我会好好想一想认不认识不介意为你看家的人。如果我找到人了，我会让他们直接给你发邮件。"

不管你如何措辞，重点都是圆滑而明确地提出边界。就算你的回答是"不"，也要带着微笑说出口。你可能会有屈服的冲动，会因为害怕冒犯教授而想直接应允他的要求，但你要明白，尴尬是一时的。如果你保持圆滑、坚定、和善的态度，那么你很有可能赢得教授的尊重。他不会把你当成保姆，他会将你视为一名聪明、练达、坚强的学生。

寻找靠山

找到真正关心并爱护你的教授是很重要的。因为有时候你会需要好教授的保护，让你免受不是太好的教授的伤害，而且这种情况可能不止一次。下面我会用我自己读研时的一件事来说明。

我研一上学期上了一门课，授课教师很有性格。有的学生管他叫"疯子乔治"。有同学事先警告我说，他有一个坏习惯，就是他会先同意你写你选的研究主题，可一旦你完成了论文，他就坚决要求你整篇论文换题目。于是，为了避免这种情况发生在我身上，我制订了一个当时看起来万无一失的计划。我刚开学就写了一篇研究计划书，请他过目。我去他办公室讨论的时候，他说题目听上去可行——我当时问他愿不愿意在我的计划书上签字，声明他支持我按照计划书里的大纲写论文。他毫不犹豫地同意了。我便从他那里得到了我想要的东西。

等到了离期末还有大约一周的时候，作为一名井井有条、从不拖沓的学生，我提前完成了论文，并把论文拿到办公室交给他。他看了一眼就说："这个嘛……我觉得你完全写了另一个题目。"接着，他就讲了他想让我做的题目。尽管我此前收到过警告，但他厚颜无耻、背信弃义的行径还是让我吃了一惊。在那一刻，我知道自己犯了致命的错误。"但是……"我结结巴巴地说，"你白纸黑字同意我写现在的题目啊"，然后到包里翻找那张有他签字的纸。

"是啊，是啊，"他满不在乎地摆摆手，"我知道我签过字，但我真的觉得某某题目要好得多。"

我不知所措。"疯子乔治"无意遵守诺言，而我在期末还有其他好几篇论文要写。于是，我去找我最喜欢的教授，把情况告诉了他。我们就姑且叫他"无情教授"吧，因为他就爱这么讲话：不讲废话，只说无情的真相。当我把这件事情告诉他时，"无情教授"痛苦地看了我一会，没说话，然后大笑起来："你是想告诉我，你这段时间一直在研究外交史，然后还相信签字协议会有任何价值？”

我突然感到臊得慌。

接着，“无情教授”从桌上拿起一张纸挥了起来，模仿与希特勒（Hitler）签署完《慕尼黑协定》之后的内维尔·张伯伦（Neville Chamberlain）。“所以，你觉得你拥有了我们时代的和平，对吧？”然后，他做了他一直喜欢做的事：突然向我发问。他偶尔会在讲课时当着几百人的面这么做，而我必须毫无准备地当场回答所有问题。幸运的是，这一次是在他的办公室里，只有我们两个人。

无情：“什么是和平条约？”

我：“呃……什么？”我结巴了。

无情：“什么是和平条约？”他又说了一遍，这一次更大声，更急迫。

我：“呃……是参战各方停止敌对行动的协议？”

无情：“错。和平条约只是战场实力关系的反映。如果一方有打破的实力，它就会被打破。”他让我消化了一会，然后接着说：“你以为只要让‘疯子乔治’签字，他就会遵守诺言了吗？但他为什么要守约呢？你有让他遵守的力量吗？如果他不守约，你打算做什么？”

现在，我真的感到尴尬了。尽管“疯子乔治”是个疯子，但我从来没想过他有可能不遵守诺言。我根本没有备用方案。

无情：“你能做什么？找领导？找谁？系主任吗？你觉得他会在意吗？‘疯子乔治’是一名老资格的终身教授，你以为有人能让他做任何事吗，哪怕是系主任？你要找研究生院的学生会？那又会怎样？就算他们设法让‘疯子乔治’遵守诺言，你也会落得一个爱惹麻烦、刺头学生的名声，以后不会再有教授想跟你打交道了。”

这些都是我从来没有考虑过的合理推测。

“无情”探身低声道：“在这个局面下，他有力量，而你没有，而且他知道你没有。”

“无情”是对的，我没有更好的选择。抗议很容易适得其反。“疯子乔治”不是坏人，只是个疯子。如果是肆无忌惮的权力滥用，比如性骚扰或者类似程度的事件，那么任何学生当然都求助有门。但是，从常理来看，他的行为充其量是给他人带来重大的不便，带来严重的压力，但这不是犯罪。我若是抱怨太过，大概只会显得我是个爱哭鬼，而没有人愿意跟爱哭鬼打交道。

然后，“无情”把身子靠回去，给出了解决方案。“你在我的课上还有一篇大论文要交，那篇论文先交个半成品，尽快写完。但近期要重点满足‘疯子乔治’的要求，而且如果可以的话，今后再也不要上他的课了。”此刻，不仅我露出了坏笑，“无情教授”心里面肯定也在坏笑呢。

“无情”教给过我许多经验，但对你来说，下面的经验很重要。尽可能不带感情地、清醒地评估力量对比；尽可能避开变化无常的教授，寻找靠山；永远不要假定别人会遵守诺言。幸好人们常常会守信，但有时也会骗你。

当有人骗你的时候，请你问问自己，这是不是真的因为那个人是坏人，还是说他的做法另有原因？在任何冲突中这都是需要厘清的问题。他人的行动的背后原因是什么？很少有人做事是出于邪恶——想让你受苦的反社会欲望。一般都是更为庸俗的原因，比如傲慢、惰性或恐惧。在这件事上，“疯子乔治”大概只是习惯了我行我素，而且从来没有人阻止过他。也许，如果有足够多的学生团结起来，正式向系主任投诉，那没准能够带来一定的改观。但是，这真的值得你耗费精力吗？“疯子乔治”这种人很可能以为，我们中的其他人根本没有精力来对抗他的恶劣行径，而且他是对的。我们都要选择参与哪些斗争，而在我看来，这是一场不值得浪费时间的斗争。我觉得更明智的做法是扔掉我投入了几个月心血的论文，把这件事当作一次教训，然后给“疯子乔治”想要的论文。也许有人会合理地选择抗争，但问题在于，将来总有仗要打，你不能耗尽精力，消耗声望资本，或者投身于次要的冲突而偏离学业。你最好为真正值得的战斗保存体力和名声。如果有教授或同学骚扰你、抄袭你、窃取你的研究成果，或者对你造成了实质性的伤害，那就是时候采取更为严肃的行动了。这种情况就算发生，大概也很罕见。但是，以防遇到难缠的教授，找个靠山还是有用的。与那些好的教授发展关系，读他们的著作，与其讨论他们的著作，展示出你是一个真心想做学术的人，同时还是一个好相处的人。

档案馆行为规范

（注意：本节将给出关于在档案馆中应该怎样做的建议。如果你不需要档案，请跳过本节。下一章“如何研究”中也有一节讲档案馆。）

除了历史学以外，也有几个学科需要研究档案。政治学家愈发寻求用事实来支持自己的理论主张。文学研究者常常会钻研著名作家的私人文稿。人类学家、社会学家、行为经济学家，或者任何研究人类行为的学者有时认为，拾人牙慧是必要的，甚至是有益的。如果这就是你的处境，那就接受它吧。但是，有几件事是你应该知道的。

越来越多的学者能够接触到过去只有纸质版的网络资料库。你的查询工作自然也应该从线上开始，教授应该已经向你指明最优质的网络档案库。我在这里不想重点讲解如何查找数字资料，因为这个主题有专著讨论。不过，我想说一说维基百科：从维基百科开始查资料是可以的，但不能止步于此。维基百科不是可接受的信息来源，至少在我的课上不是。我认为它是了解关于一个主题的基本事实的好途径，只要你别忘了维基百科里很容易有事实错误。学术研究在发表前应该经受严格审查。审查时尽管会有疏漏，但至少有很大机会消除作者的错误，加强作者的论断。换句话说，学术研究比维基百科可靠得多。我再说一遍，你可以先用维基百科熟悉一个主题，然后深入挖掘学术文献。

如果你需要的文献没有网络版，那就必须借助于传统方式——去外地某处的档案馆。

在档案馆里工作时，你觉得最重要的品质是什么？智力？坚持？耐心？对尘螨免疫？这些都重要乃至必要。但是，除此之外，你真正需要的是魅力。

魅力会帮助你得到你想找的东西。之后你需要用脑力来解读档案。但是，在此之前，人际交往技能可以打开通往重要文献的大门，因为每扇门都有守门人。你的任务就是结交那些守护着最珍贵资料的档案馆工作人员。但是，在我解释原因之前，我们先要明白如何获取公开资料。

每处档案馆都有馆藏列表，其中一部分可以在网上看到。你要翻阅这些目录，勾选看上去最可能出成果的文献。刚开始，文献浩如烟海。提高效率只有一个办法，就是提前锁定自己要研究的问题。在下一章中，我会介绍如何用不到八个词语来表述一个研究问题。你要运用这种方法，带着问题筛选资料，而不是现看资料再想问题。如果你让资料决定研究课题，你就会迷失方向。当然，这条规则有一个重要的例外：你可能会在资料中发现某些能让你另辟蹊径的内容，让你走上不同于起初设想的道路。这时你要运用你的直觉，顺着任何看上去有价值的线索前进。一开始你脑子里有若干问题，但在读文献的过程中，你可能会发现其他相关的问题和通往新问题答案的路径。走上那条路吧，如果你认为它确实能为你带来有意义的信息。

然而，最优质的档案往往不在普通的目录里。不在，朋友们，它们被藏了起来，只有档案馆员知道它们，或者它们虽然在目录里，但当你提出申请时，它们就神秘地不可借阅了。这时，社交能力就会给你带来巨大的红利。找工作人员聊天，了解他们，你能从他们的经验中学到很多东西，而且如果你真心觉得跟人打交道有意思，那你应该会乐在其中。然而，如果你学的是人文学科，却对人无感，或者学的是社会科学，却觉得自己是反社交性格，那这就比较难了。尽管如此，我强烈建议你克服不情愿的心理，锻炼闲谈的本领。如果你能与一名档案管理员搞好关系，那他可能会让你接触到一些真正的珍宝。

我在德国读博的时候，总会找时间去认识每座档案馆的人。有一次，我跟一名管理员聊了三十分钟，正准备离开她的办公室。我刚走到门口，要感谢她拨冗之际，她说了句："啊，对了，肖尔先生。"我转过身。"有一批文献你可能会感兴趣。"

"好啊，请讲。"我笑着说。

"这个，我们还没抽出时间把它们列入目录呢。"结果她给我看了难得一见的内务人民委员会（NKVD，克格勃前身）档案，是德国人在苏联解体后不久购入的。这些档案对我的博士论文起了极大的作用。

这种情况绝非罕见。从前的一位导师对我们讲了他在一家法国档案馆的经历。那家档案馆的工作人员是出了名的小气，不愿意分享资料。你要明白，如果管理员不想让你看见某样东西，他们能轻松让你压根够不到它的边。我的导师一天在闭馆时正好碰上了一位将要下班的档案馆领导，于是提出请这位领导喝一杯。过了几个钟头，酒意正酣，两人欢笑着讲着各自的故事……第二天，一大批新档案突然送到了我导师手上。

要点简单得令人愉悦：与档案馆工作人员交朋友，你或许就会发现宝藏。如果你公事公办，你就会获得和其他所有人一样的待遇。如果你蠢到因为提要求或者发牢骚而与档案馆工作人员结怨，那你大概就可以跟那家档案馆吻别了，你或许永远都挖不到宝藏。

本章回顾

- 你处理与导师的关系，应该像学徒处理与师傅的关系一样。
- 不要装腔作势，不懂就想办法搞懂。
- 用沉稳的态度接受批评。
- 保持与教授的公私边界。
- 在通常情况下尽力保持积极心态。
- 结交可能的靠山，也就是会在你需要时伸出援手的教授。

你的交往方式决定了别人对你的印象，别人对你的印象会深深影响你的成败，不管你是否意识到了这一点。以为学术成绩完全基于能力是一种富有诱惑力的想象。有极少数学者才华横溢，社交能力对他们无足轻重。如果你是这种人，那么你或许可以无视本章的建议。但在此之前，请想一想如果你能兼具才华和些许社交意识，那你会取得多么大的成就啊！事实上，传统的人际交往技能对我们每个人都有益处。不要忘了学者也是人，在某些方面，我介绍的社交技能与阅读、写作、发言和研究技能别无二致。少了人际交往技能，你或许也能活下来，但有了它们，你才能真正活得更好。

第六章

如何研究

做研究不会每时每刻都让你捧腹大笑，但在大部分时候，你都应沉浸在你的问题之中，研究之旅会让你感到异常兴奋，而且你迫切地想要找到问题的答案。

你怎样思考决定了你怎样阅读、写作、发言和研究。而你怎样阅读、写作、发言和研究也反映了你怎样思考。清晰的思考会产生清晰的结果。如果你因为害怕自己的脑袋里一团糨糊，所以正在啃指甲或者求助于镇静剂来安抚神经的话，那么请你不要怕。好消息是，你可以用我讲述的方法来训练自己，让你的思维更加清晰。我在本书中介绍的所有公式、结构和建议都不仅仅是高效工作的实用工具，也是提升思维分析能力的心理操练。正因如此，我才在导言中说这些方法是“巧干”，它不只是巧妙的工作方法，也是让你的思维更加灵活的工作方法。你需要动用你的全部巧劲，因为你即将接受学术技艺的最大挑战。你要从吸收知识转向生产知识，而你一开始很难干得很漂亮。

做研究没有唯一的正确方法，但确实有一些错误的方法。我在本章中要做三件事：

1. 阐释做研究的目标。
2. 介绍寻找研究课题的五步法。
3. 给出让研究有重点、有效率、有意义的研究策略。

有太多学生从未接受过关于如何做研究的恰当指导，尽管他们之中大部分人都会上研究方法论的课程。下面给出的建议应该会填补一些漏洞，节省大量时间，并让最终成果更加显著。请注意，尽管有一些研究方法适用于所有学科，但每一个领域，乃至大多数子领域都有特定的研究方法论，因此为了掌握你所在专业的研究思路，你还需要进一步查阅书籍和咨询导师。

不过，现在首先要给博士生说一些逆耳忠言，我要说一些你未必愿意听的话。但是，你需要听——平静地听，并且不要过快得出结论。

因为做出原创研究是极其困难的，所以不是每个人都能写出博士论文。光动脑子是不够的，如果你的脑子不对路的话。这不意味着你不够聪明，只是你不适合把时间花在某一个方面。只有你（再加上导师的建议）能确定你到底有没有做原创研究的能力。导师也常常会搞错，他们会误判自己的学生。他们判定学生写不出论文，但学生其实只是需要有人把方法解释得更清楚一些。我相信有许多 ABD（All But Dissertation，意思是“除了论文，其他要求都完成了”）退学博士生其实本可以完成原创论文。他们不仅仅是没有获得恰当的指导，而是根本没有人坐下来向他们解释应该如何做研究。这就是本书的目标：尽最大可能帮助你得到你所追求的学位。

那么，你要怎么做呢？你到底要怎样入门本科和研究报告、硕士研究生论文或博士研究生论文的写作呢？我的评述针对博士研究生，但我的建议适用于任何想要提高自身水平的学生。

我们先从“宝宝”学步讲起，因为如果你出脚就错了，那就会漫无目的地乱爬，半成品越积越多。如果你是硕士生或博士生，你会历经很多年，毕业论文才即将告成。当你三四十岁、背着几十万元的债务、简历空空如也时，你对朋友哀叹说，你的父母根本不懂。“毕业论文是需要时间的，”你会告诉他们，“比你们以为的要难。”这段可叹经历的可悲之处在于，你是对的——毕业论文确实需要时间，也确实比大多数人以为的更难。但为了拿到学位，你必须首先知道自己的总体目标是什么。

研究的目标：回答一个有意义的问题

简单来讲，你的目标是回答一个有意义的问题。这听上去够直白了，但有两件事会让你大吃一惊：第一，许多人不明白问题必须有意义。问题得出的答案必须能推进我们对某个确实重要的主题的认识。（我之后会更详细地谈这一点。）第二，许多人很难区分三样东西：主题、问题、答案。

主题是你要研究的领域，比如19世纪秘鲁劳工运动、莎士比亚作品中对疯狂的描绘、北美学者的社交技能。这些是主题，太多学生误以为自己要写的是主题。不是的。你要写的是问题，你还要寻找问题的答案。

问题是研究的驱动力。你每天早晨起床，辛苦忙碌一整天，都是为了问题。问题还会让你半夜起床，记下某个关于如何破解它的点子。研究问题是你实际要写的内容，问题可能是这样的：

19世纪秘鲁劳工运动为什么取得了成效？

国家要如何有效打击腐败？

为什么有些时尚潮流会长期流行？

为什么莎士比亚笔下大多数发疯的角色都是女性（我不知道他的剧作里女疯子比男疯子多还是少。我只是在示范构造问题的方法）？

为什么学者的社交技能大多不佳？

答案是你的论纲。“答案”和“论纲”在这里是同义词，博士论文就是论纲的证明过程。

当你参加系里组织的社交聚会，或者在鸡尾酒会上闲聊时，有人问你在研究什么，你要有脱口而出三个短句的能力。你需要说：我的主题是 X；我的问题是 Y；我的答案（或论纲）是 Z。清晰、干脆、熟练的三句话（这种对自身工作的简短归纳常被叫作“电梯游说”）。这不仅会让你的教授眼前一亮，也会极大地提升你的自信心。这三句话在就业市场上也特别管用，不管你面试的是不是学术岗位。显然，除非你已经进入了论文的后半段，否则你是无法说出论纲的，绝对且永远不要在做研究之前就下结论（我很快也会多讲讲这个话题）。在撰写论文的前中期，你需要有表述主题和问题的能力。下面是一些真实案例，不是上面我自己编的那种。

这是我在鸡尾酒会和就业市场中对自己的毕业论文的概括。

我的主题是：战前纳粹德国的外交决策。

我的问题是：希特勒是如何决策的？

我的论纲是：希特勒亲手打造的体制限制了他做出合理决策的能力。

每句话都在吸引提问者深入——假设他没有在你说话时就安然入睡的话。事实上，这种表述简洁干脆，一句话一个要素（主题、问题、论纲）的方法能有效地让别人对你的成果产生实实在在的兴趣。学者就不说了，许多学生都有长篇大论的不良倾向——在注意力不集中，充斥着推特（Twitter）推文的当代社会，长篇大论的意思就是一段话超过12秒。而如果你能不断地、一点点地介绍你的成果，对方就能够消化你说过的话，判断自己是否还想深入了解。如此一来，你就能估计对方有多感兴趣，同时显得你头脑清晰，思维缜密，有着无可挑剔的社交能力。试试吧。但是，在下一次系里聚会试水之前，要先找朋友练一练。

最确切表明一个学生不知道自己在做什么的迹象之一，就是看当他被问到自己在研究什么时的表现。茫无头绪的学生会滔滔不绝地介绍早期美国拓印及其对民族传统的重要意义——就是不讲他研究的问题。这要么是因为学生还没有明确他的问题，要么是他不懂得他不是写写某个事物就够了，后一种的情况更糟。这个学生以为，他的成果就是讲述关于某个主题的故事。因此，他只能做到含混地介绍一个主题。没有人向他解释过，一项研究是要回答一个有意义的问题。而要想回答问题，首先必须得有一个问题。

找到合适的问题往往是研究过程中最困难的一部分。我马上会给出一种找问题的方法，但我首先要说明两点关键：你必须关心你的问题，以及你必须明白研究问题的用意。

每当你有自己选择问题的自由时，你都应该找到一个你真正渴望回答的问题（没错，我的意思就是“渴望”）。你需要确实对这个问题好奇，因为好奇心会推动你去研究，好奇心会帮助你写出富有激情的文字，它还会吸引你的读者，因为他们会通过文字感受到你的激情。不要无视这条听上去有些肉麻的建议，它比你想象的还要重要。如果你没有真心被一个问题所吸引，那么研究就会变成苦役——漫长而艰辛。这就好比受罚的西绪福斯①，你花了一整天把研究这块大石头推上了山顶，又每天晚上看着它滚落下来。好奇心会将这种体验化为乐趣。第一次进档案馆的时候，我曾担心这里可能会非常枯燥。但是，因为我真心渴望知道我的研究问题的答案，所以我用了一年多的时间来翻阅资料，这给我的感觉就像是一场紧张刺激的冒险。朋友们，极客②就是这样炼成的。

显然，只有好奇心是不够的。你的问题还必须填补一处学界空白。它必须告诉我们一些我们本来不知道，并且确实

① 西绪福斯：希腊神话中的人物，以狡猾机智闻名，诸神处罚西绪福斯不停地把一块巨石推上山顶，而石头由于自身的重量又滚下山去，诸神认为再没有比这种无效无望的劳动更为严厉的惩罚了。——编者注

② 极客：美国俚语geek的音译。随着互联网文化的兴起，这个词含有超群和努力的意味，又被用于形容对计算机和网络技术有狂热兴趣并投入大量时间钻研的人。现在多指在互联网时代创造全新的商业模式、尖端技术与时尚潮流的人。——编者注

需要知道的事情。当你对一个潜在研究问题开始有一点点头绪的时候，你一定要查看之前有没有人回答过它。这个问题很可能已经有某个人（或某些人）回答过了。别灰心。如果没有人回答过，你要找出原因，是因为它不可能被回答，还是因为无人认识到它的重要性；如果有人回答过，你要看既有答案是否完整或令人满意。学者们往往只能处理一个大问题的一小块，那就是你的突破口。也许现有的答案并不完整：涵盖了问题的某些方面，但没有讨论另一些方面。现有答案往往也不令人满意：它们站不住脚，或者你觉得根本讲不通。如果你发现既有答案令人困惑，那可是一个好迹象。这有可能意味着是你糊涂了，需要有人解释给你听。但是，也可能意味着现有答案是胡说，或只是肤浅的老生常谈，经不住逻辑推理或实证的检验。要是这样的话，你就走运了。你可能刚好找到了你的问题。

但是，假设你还是一头雾水，你要写一篇研究报告或硕博论文，可你根本不知道该写什么。要么没有东西足够有趣，要么听上去有趣的东西太多。这里有一些关于如何找到研究问题的建议。与以往一样，我会先列出步骤，然后依次解释每一个步骤。

寻找问题五步法

1. 询问专家。

2. 找来关于你的研究主题的两本最新著作。

3. 找来关于你的研究主题的十本次新著作。

4. 问问自己这些著作是否说得通。

5. 再次询问专家。

1. 询问专家

着手寻找问题的最佳方式就是找最熟悉文献的人交谈，通常就是你的教授。你可以把他们理解为活的文献综述，他们应该能提出一些你所在领域的未解问题。最起码，他们应该能告诉你最重要的最新著作，你可以在其中找到对这些问题的探讨。如果教授给了你一个问题，那是你运气好；如果没有的话，你应该走一遍下面的步骤（事实上，即使有的话，你依然应该走一遍下面的步骤）。

2. 找来关于你的研究主题的两本最新著作

找来两本这样的书，用我在“如何阅读”中描述的方法进行解析。提取出书中的问题与给出的答案，然后写下来。两本书的问题是否相同，或者足够相近以至于可以认为是基本相同？如果不相同，那么给出的答案有怎样的不同？用不超过一段话写下来。你对这个主题是否足够感兴趣，以至于你想要继续阅读其他相关书籍？如果不是的话，那就放弃这个主题，从头开始读另一个主题的两本最新专著。一直这样做，直到你找到了一个你足够感兴趣、真心想要继续阅读的主题。这应该就是你会发现谜题的主题了，并且谜题会富有挑战性并且没有简单的答案。

一旦发现了让你着迷的主题，你就要梳理这两本书的参考文献，再找出十本相关专著，然后进入第三步。

3. 找来关于你的研究主题的十本次新著作

用与处理前两本书相同的方式来处理这十本书。把书中的问题和答案都写下来。

4. 问问自己这些著作是否说得通

想一想我上面讲过的方法，书中的答案完整吗？作者是否漏掉了拼图的某一块？很可能是有的。比方说，在一份考察城市犯罪的社会学研究中，文献中可能给出了从贫困到文化，再到偏见的各种解释。但是，也许没有人探究过司法系统不可避免地带来的压力，也许学者们尚未充分考虑这种想法：警察的要求是逮捕而非劝解，法官的要求是判刑而非警告，于是在两者的共同作用下，一个致力于制造更多而非更少刑事案件的制度得以建立。[①] 除非你广泛阅读了一个主题的文献，理解了主流问题与解释，并对主流意见感到不满，

---

① 这是社会学家爱丽斯·戈夫曼（Alice Goffman）的关于城市犯罪研究的主要主张。参见Alice Goffman, *On the Run: Fugitive Life in an American City* (Chicago: University of Chicago Press, 2014)。——原注

否则你不可能形成这种想法。如果你不满足于传统观念，那你很可能已经非常接近自己的问题了。当你觉得已经找到问题的时候，请用不超过八个词语加以概括。（我马上会解释这个过程。）然后转向第五步。

5. 再次询问专家

手里有了可能要回答的问题，你应该再去找专家，确定你的方向是否正确。教授能告诉你，你的问题是否已经有人回答过。如果有的话，要验证教授所言真假，不要直接相信。在学术界，任何人、任何事都要被质疑，最优秀的研究常常来自不接受主流解释的人。教授会向你介绍书或文章，其中明确解决了你的问题。用你已经学会的方法进行剖析，自己确定现有答案是否完整，你是否满意。如果不是，你可能就很接近目标了。你只需要让导师相信，主流解释是有缺陷的，这个问题值得进一步研究（如果你做不到的话，也许就必须换导师了）。当然，你的教授也可能是对的，问题也许已经解决了。那样你就要回到第一步，然后重新开始阅读。不过别担心。你应该已经很好地接触了本领域的各主要课题。你最后会找到一个重要且需要深入解释的问题（而且如果你运用本书介绍的方法，所用时间很可能会比你担心的要短）。

研究策略

1. 将你的问题压缩到八个词语以内

一旦你觉得自己找到了合适的问题，那么我最好的一条建议是：问题要尽可能简短。

你之所以要逼自己如此严格地压缩问题，原因有二：第一，这让你能够在系里的鸡尾酒会和就业市场上把问题简明扼要地表述出来，这两个场合同样重要。不要低估鸡尾酒会的重要性。你与教授或其他研究生谈话时，就能给对方留下很好的印象。话说完的时候，他们也许会想："哎呀，那个聪明的研究生真的知道自己在做什么。我们需要招新助研的时候可以考虑她。说真的，在讨论系里研究生名次和经费分配的教工会议上，我应该提提她。”

干净利落的问题还有第二个好处，那就是你在写作时会一直记着问题。当你在写毕业论文的每一段或每一节时，你可以问自己：“这一段或这一节是否有助于回答那个问题？”如果答案是否定的，那就删掉，去写其他有助于回答那个问题的内容。你没有时间可以浪费，要坚定目标。

冒着让人觉得是王婆卖瓜的风险，下面是我自己的一些主题、问题和答案，它们都出自我的书，能进一步示例如何将问题压缩到八个词以内，如何将答案（论纲）压缩成一句话。（论纲可以超过八个词，但我强烈建议只用一句话表述。）

书名：《犯傻：为什么聪明人会做出坏决策》（*Blunder: Why Smart People Make Bad Decisions*）（Bloomsbury, 2008）

主题：国际冲突中的决策（Decision making in international conflict）

问题：人为什么要开枪射自己的脚？（Why do people shoot themselves in the foot?）

论纲：追求具体、复现、严格的思维模式让决策者陷入困境。（Specific, recurrent, rigid mindsets ensnare decision makers.）

书名:《敌对感：窥测对手头脑的高风险历史》(*A Sense of the Enemy: The High-Stakes History of Reading Your Rival's Mind*)(Oxford University Press, 2014)

主题：20世纪国际冲突中的敌情研判(Enemy assessment in twentieth-century international conflict)

问题：战略共情由何而来?(What produces strategic em-pathy?)

论纲：战略共情的一大关键不是敌人过往的行为模式，而是敌人在打破模式时的行为。(One key to strategic empathy comes not from the enemy's pattern of past behavior, but from his behavior at pattern breaks.)

上述问题与论纲有一个重要的方面：都上了弦——每个压缩的问题就像一个绕紧的线圈，具有等待释放的势能。精练的问题都需要进一步阐述，什么是“战略共情”？你说的“追求严格的思维模式”是什么意思？简练的句子要求作者进一步解释它们的内涵。通过给你的主题、问题和论纲上弦，你就做好了填补空白的准备。

一开始，大多数人都很难将自己的研究问题压缩到八个词以内。要记住，你有许多机会展开讨论你的问题。现在你才刚刚开始做研究，一定要逼自己简短地表述问题。你会发现，这会让你在研究和写作阶段都能集中精神。我前面说过，你在写作时可以问自己，现在这一段是否有助于回答那八个词以内的问题；同理，精练的问题在研究时也用得上。当你通读文档、日记、研究著述或其他任何书面资料时，你都可以问自己，你所读的东西是否有助于回答你的问题。如果没有帮助，那就别读了，去读其他可能有帮助的文献。当然，你未必能一下子就知道某个资料是否相关，但你要尽早确认，在你浪费了一天中的几个小时阅读眼下对自己无关紧要的文献之前。在校读书期间只有一件紧要的事：用最少的年限、最少的贷款、最少的苦恼拿到学位，离开学校。如果你脑子里一直装着那八个词以内的问题，你的研究和写作就会像激光一样，精准聚焦，所向披靡。

2. 问题可以老，答案必须新

你也知道，博士论文的标准远高于硕士论文。一般来说，硕士论文需要表现出对某一个主题的掌握，意思是你要知道一个主题的相关文献，并分析领域内的一个具体问题。当然，不同院系和大学的标准会有差异，但硕士论文对原创性的要求肯定不如博士论文。为了拿到博士学位，你必须对一个问题的认识做出原创性的贡献。

在我所属的历史学领域，原创主要有三种形式：可以是发现或挖掘新的原始资料，可以是做出新的解读，也可以是反驳旧的解释，运气好的话，一篇论文能涵盖这三点。其他人文社科领域对原创性的要求也差不多，只是不太强调发现或挖掘新的原始资料。不管是什么领域，博士候选人都要告诉我们一些先前未知的东西——而且要正确。

原创性要求往往令人望而生畏，因此许多研究生会重点选择冷门题材。他们会聚焦于一个冷门到基本没人研究的主题，这样就必然能讲一些前人未曾讨论过的内容。问题在于，他们选择的主题不仅冷门，而且没有意义。想象一下有一篇博士论文分析1853年瑞典下什莫盖申堡（Lower Schmorgeschburg）的议员补选，而且是专门研究第8和第9选区。假定没有人研究过这个主题，你就会立于不败之地，但是谁在乎啊？除非这次补选中发生了什么大事，而且第8和第9选区是那件大事的关键，否则别人为什么要读这篇论文呢？

它如何以一种有意义的方式真正推进了我们的认识呢？这篇论文对评审委员起到的唯一作用大概就是治好了失眠症。

不要研究冷门题材，让自己的研究沦落到毫无意义的地步。一定要将你的问题与某个更宏大的议题联系起来——也就是真正重要的东西。这不仅能帮助你渡过最艰难的阶段，也能帮助你在就业市场上有力地宣传自己，不管你的目标是否是学术岗位。

3. 问题要联系宏旨

想象你真的在写研究报告或硕博论文，开头是不到八个单词的问题。然后呢？下一句一般会是“具体来说……”，你要阐发和解释你的问题，进行细化。比方说，在写完了“希特勒是如何做决策的”这个问题之后，你可能会写：“具体来说，希特勒政府在战前阶段（1933年至1939年）是如何进行外交决策的？”接着，你可能会解释你到底计划研究什么、这项研究为什么重要（意思是，你的研究会如何推进我们对这一主题的认识），然后将你的问题与一个更大的未解之谜联系起来。这项研究或许能为我们带来有关纳粹政权其他方面的深刻见解，又或许有助于我们理解其他有可比性的独裁政权（如果真有的话）的决策。重点在于，你一定要能够表明你的“小切口”研究为何有意义。我们将它称为“那又怎么样”问题，你既要能向其他人解释，也要能向自己解释，两者同样重要。

如果你说不出你的问题到底为什么重要，如果你不能将你的问题与一个更大的未解之谜关联起来，那么我建议你立即放弃它，去找一个真正有意义的问题。当然，这里有两个重要的例外情况：如果你有独立的经济来源，未来也不需要就业，那就无所谓了，爱写什么就写什么吧。另一种情况是，你就是迷上了一个只对你自己有意义的问题。你也许愿意说：“管它有什么后果呢，都见鬼去吧！我才不在乎负债累累、求职无门呢。去他的吧，我有我的答案养我！”如果是这样的话，那么你应该去追寻你那个没有太大意义的问题，好像它是马耳他黑鹰一样。如果一旦你写完了论文，就有两个操着说不清、道不明的东欧口音的人——一个是阴险的胖子，一个是诡异的瘦子——满世界追你，非要你的论文，那好吧，这还真是一场刺激的冒险。也许甚至会有人为此拍一部电影呢。[1]但是，朋友们，如果你和大多数人一样，需要 / 想要找一份工作，或者需要 / 想要将几年光阴奉献给一件真正会推动人类知识发展的事业，那我还是建议你的问题要与某个更大的未解之谜有关联。

要做到这一点，有两种简单的方法：你可以从一个你感兴趣的小问题入手，然后思考它能如何促进我们对一个大问题的理解；你也可以从一个领域内的重大未解之谜入手，然后思考如何解决它的一小块。按照我前面讲的寻找研究问题的方法，你要从大问题入手，确定其中有哪些方面尚未得到充分解答。在我给出的关于考察城市犯罪的例子中，问题是“城市犯罪率为何居高不下”。你发现了社会学家给出的各类答案。然后，你找到了自己切入这个问题的角度：司法体系的系统性压力。如果你对一个领域接触甚少的话，那么从尚未解决的大问题入手很可能是更好的方法。你的稚嫩——其实就是无知——是一项巨大的优势，它让你能够带着禅宗所说的“初心”去看待旧问题。你不会被多年的陈腐思想牵

① 要是前面几句话让你感到困惑的话，它们其实是影射经典电影《马耳他黑鹰》。如果你没看过这部片子，那就当白日梦来理解吧。——原注

绊，你更容易质疑那些专家们视为理所当然的事情。谁知道无知会有这等好处呢？

至于另一种方法，从你感兴趣的小问题入手，然后确定它与大问题有何关联。它也可能是有效的，但你需要获得专家的真诚反馈。要记住寻找问题五步法的第一步：询问专家。如果你走这条路，你就需要去请教专家你的问题是否真的有意义、是否有研究价值。还是那句话，你的导师可能是错的，导师可能会对你的问题不屑一顾，说已经有人回答过了。然后你需要细致考察传统观点，判断导师说得对不对。不管你用哪一种方法找问题，你都要确定自己不知道答案。

4. 用问题指导研究

本小节对所有文献研究者都非常重要。如果你不研究文献，请跳至第五节。

在任何档案馆中阅读文献时，你会遇到的第一个问题都是“量”。不，不是音量太大。你很可能只会听到键盘敲击声和 iPhone 摄像头的百叶窗音效。问题是文献的数量。数量实在是太多了，而你又想要全都读完。这种愿望一部分是因为你对知识充满好奇心，这是自然的，也是值得赞赏的；另一部分则是因为纯粹的恐惧："要是我漏掉了关键内容怎么办？"于是你就开始做焦虑的梦了：你看见自己身着正装站在讲台上，满怀自信地讲述你的开创性、颠覆性发现，它会让你的事业一飞冲天，一屋子专家学者都在热切地听着。这时，观众席中突然跳出来一个打着领结、带着口袋保护套的男人，他高喊道："不好意思，但你是不是没看麦高芬档案啊？它显然推翻了你的整个论纲。"你惊恐地踉跄后退，心想要是我离开档案馆前看了最后那一批资料，那该有多好啊！

我觉得这种噩梦般的场景是有可能发生的，但发生的概率很低，如果你已经查阅了与你研究的小问题最相关的绝大多数资料。你也已经透彻地研究过相关主题的二手文献，因此你知道业内人士知道什么，也知道现有认识的依据是什么。如果保护套教授知道麦高芬档案，那你很可能也知道，因为它在文献中有过讨论。如果你的导师称职的话，他们应该早在你发表任何成果之前就告诫你要看这些档案了。我想要说的是，你在档案馆中的任务不是试着把资料全部看完，因为你看不完。如果你试了，你不会取得任何成果，你会被淹没在文献的海洋中。你的任务是发现与你的问题相关性最强的资料，也就是最可能有助于解开你的疑惑的资料。

当你走进任何一家档案馆时，你都要以问题为指导。你承受不起漫无目的的游荡，在每一份看上去有那么一点兴趣的文献之间进进出出。对目录中列出的每一份文献，你都必须问一个问题：这份文献有多大可能帮助我解答我的研究问题？按照回答你的问题的可能性，你可以把文献分成三类：高可能性、中可能性、低可能性。如果你能消化第一类“高可能性”中的所有文献，那就谢天谢地了。鉴于资料数量庞大，你必须有所选择。如果你能将关注点限制在“高可能性”的文献中，那就能极大地提升效率。要记住，在论文的研究阶段，多次拜访同一家档案馆可不是容易的事，你很可能再也回不来了。你要用问题来选择档案，尽可能利用你在馆内的时间。

阅读档案资料期间牢记你要研究的问题还有一个好处：你知道了自己要找什么，也就知道要跳过什么了。为了最大限度地利用时间，你需要跳过大量资料。如果你遇到了一份文献，它看上去不太可能回答你研究的问题，那就直接把它送回去，换其他资料吧。不要犹豫，不合适就甩掉！

与几乎所有规则一样，这条规则也有例外。一个重要的例外是：如果你发现了一批激动人心的文献，它与你研究的问题无关，但你有可能靠它写出一篇精彩的博士论文，那你就可以考虑换题目了。许多好的论文都来自意外发现。如果你运气够好，找到了这样的宝藏，请你向导师寻求建议。史料确实能指引你的研究，甚至非常有趣。几乎没有人写出来的博士论文与动笔时的预想一样。问题会随着你对主题了解的加深而演化，也会随着你遇到的新的原始资料而演化。多年前，我的大学本科导师告诉我，真正优秀的研究会牵着你走，而不是你牵着研究走。意思是原始资料会带你走上不可预料的方向，而你需要跟着资料走。这条建议看上去完全违背了我刚刚给出的建议——让问题指导研究，但我是这样理解的：问题确实要指导研究，但原始资料可以让你更换问题。重点是要带着问题开始研究，而不能一头扎进档案馆里，随意申请档案，看里面讲了什么。如果你一开始就有明晰的问题，效率会大大提升。如果在阅读相关文献的过程中，你发现了提出新问题的原始资料，那你也可以选择去研究这些新问题。但是，我要提醒你认真考虑：你从新问题出发写出的论文是否可能优于你按照原有题目写出的论文。

5. 不要预设结论

经常有学生（有时甚至还有其他学者）告诉我，他们想要写 X 主题，因为他们想要证明 Y 结论。这种情况可能比你以为的更常见。换句话说，甚至在迈出研究第一步之前，他们就已经认定自己知道了问题的答案。这就意味着他们对得知答案并无真正的兴趣。相反，他们只是想告诉其他人要相信什么。伙计们，听好了，这不是学术，这是修辞术！如果这是你想做的事，你应该尽早退学，加入一家声名狼藉的华盛顿特区智库，或者到福克斯新闻上班。（是的，我知道自由派的新闻节目同样糟糕：不公平，不持正。）不要忘了你的主业。企业家的主业是赚钱；运动员的主业是赢得比赛；学者的主业是追求真理。尽管我们未必能做到，我们也会常常搞错，但我们的目标是同心协力，一寸一寸地逼近真理。我们会发现疾病的起因和疗法；我们会知道为什么国家有富有穷，还可能会知道如何纠正这种状况；我们会懂得历史事件的前因后果，了解为什么历史会这样发展。每个领域都有自己的宏大目标，一切学术都要通过追求真理来实现这些目标。听起来很宏大？确实宏大，而且是完全值得的。如果你选择参与这项共同的事业，哪怕只是在读书期间，你着手研究时都必须怀着开放的心态。智力有限的最确切迹象就是思维封闭。

这里有一个令人沮丧的故事。我有一次给1000多名研究生讲研究方法，讲了一个小时。为了讲这次课，我准备了好几个星期。讲座里有笑话，有惊人之语，有张力，我还精心讲解了如何开启一项研究。听众似乎很喜欢，他们在该笑的时候笑，提出有思考的问题，在我直接与他们互动时也做出了机智的回应。我讲了三个关于研究的要点，其中之一就是不要预设结论。第二天，有个学生来到我的办公室，说他有多么喜欢我的讲座，还问我能否考虑做他的导师。当我问他想要写什么主题的时候，他说，“我想要说明……”，然后向我描述了研究计划。他连一丁点研究都没做，就已经决定了研究的结果。朋友们，最让教师受挫的事情之一，就是眼睁睁地看到自己彻底失败的活生生的证据。

请允许我跑一下题。事实上，这让我想起了我在童年好友彼得的婚礼上发表的一段感言。我讲了20分钟新郎小时候的趣事。我分享了我俩年少轻狂时的暖心故事，列举了我俩交往几十年来最有意义的时刻。来宾们似乎听进去了。我讲完后不久，掌声渐渐沉寂了下来。我路过一名激动的女士时，她伸出手，热情地挽住了我的胳膊。“你的讲话真有趣、真感人啊。我真的感动了，我很感谢你。”她莞尔一笑。我一直满面笑容，直到她来了句：“你怎么认识彼得的来着？”

我得出的教训：你不能在所有时候教会所有人。但是，我希望我能教会你这个重要理念。如果你只想证明一个观点，那你就不是真的对回答问题感兴趣。那还费什么劲呢？你写论文的过程和写出来的论文都会是无聊的。但另一方面，你真的不知道答案，发现的结果让你大吃一惊，这才是最有意思的论纲，这才是写起来和读起来最有劲的作品。因此，你要对你的问题保持开放心态。这就引出了我的下一条建议。

6. 直面不利证据

马尔科姆·格拉德韦尔（Malcolm Gladwell）大概是当代成就最高的非虚构作家之一。但是，学者经常看不上他的作品。他们忘了，格拉德韦尔为了激发人们对社会科学的兴趣而做了大量工作。他的书甚至让好几名学者名利双收。2013年，格拉德韦尔出版了《大卫与歌利亚》（*David and Goliath*）一书。社会科学家们群起而攻之，撰文大肆批判书中的论证。他们好像等不及要朝刚刚下了金蛋的鹅踩上一脚。不管你信与不信，学者的踩踏都与你直接相关。

许多学者坚持认为格拉德韦尔裁剪证据。据说，他没有直面不利证据。格拉德威尔在各种访谈中给出了各种辩护。他有一次说："如果一位读者觉得我的书过分简化，那你就不应该读它，因为你不是受众！"[①] 与导师谈话时请不要这样为自己辩护，就算不为了别的，也得看在导师不得不读你写的东西的份上。在另一次访谈中，格拉德威尔承认他选择了最能支持自身主张的证据，但他为自身行为的辩护基本上是在表示，人人都这样做。

> 你知道，当你提出一个论证时，我们要评估证据，然后选择我们认为最重要的证据。我在我的书里就是这么做的，我，你也知道，有人论证说我可能选择了错误的证据。这没关系，但我不认为应该单单把我挑出来，好像全世界只有我一个人会从许

① Oliver Burkeman, "Malcolm Gladwell: 'If my books appear over-simplified, then you shouldn't read them,'" *The Guardian*, September 29, 2013.——原注

多不同的论证中挑出我觉得最有说服力的那一个。

我觉得这是人之常情，不是吗？[①]

这可是得罪人的话。

格拉德韦尔的话也许对许多人是成立的，包括法庭里的律师，他们的职责是维护当事人的性命。律师必须在不利局势下得出最有利的结果。律师必须呈递尽可能对当事人有利的证据，同时贬低对当事人不利的证据。学者的职责是追求真理，与律师形成了鲜明对比。写论文不是像写案件摘要一样，希望说服别人相信某件事是真的或假的。律师收费不是为了确定当事人有没有罪，而只是要为当事人辩护。（顺便说一句，我不太明白为什么一个人的生死要取决于一名律师的口才，但公正并不是大多数司法体系的主要特点。）你作为学者则必须先收集并权衡证据，判明真伪。这时，你才能用尽可能清晰、尽可能有说服力的方式表达自己的观点。你更像是法官，而非律师。你必须公正

① Malcolm Gladwell, interview with Jeremy Hobson, “Here and Now,” WBUR Boston, National Public Radio, October 15, 2013. http://hereandnow.wbur.org/2013/10/15/gladwell-david-goliath.——原注

和批判性地评估所有合理解释，你不能无视不利证据。如果不利证据削弱或否定了你的结论，那你就要改结论。如果1份研究给出了支持你的初始假说的证据，但其他99份研究给出了相左的证据，那么你最好不要不提其他99份研究。你必须要么修正结论，要么解释为什么其他99份研究都是错的。当然，这种情况有可能发生。有时99%的人都搞错了，原因往往是他们的研究都基于相同的错误预设，而有一个人坚持到底，纠正了错误，最后得出了一个完全不同的结果。如果是这样的话，那就说出那个结果并证明它。否则，不要将你的论点建立在恰好支持你想证明的结论的孤证上，因为，朋友们，那是通向短命生涯的捷径。好吧，我觉得我应该说，那是通往短命学术生涯的捷径。换个角度看，如果你想做一名大红大紫的社科科普畅销书作家，如果你想赚上百万美元，拿着天价出场费满世界演讲，那么，剪裁证据或许正是你该走的路。

7. 主张清晰明确且令人信服

既然我们明确了律师与学者的区别，我希望我可以借用一些法律术语来表达我的主张。律师在辩护中确实以证据为准绳，我们也可以用这些准绳来粗略地指导你应该取得的证据等级。但是，要记住，你的目标是首先认真权衡证据，据此确定真伪，然后才能用言辞进行论证。当你处理收集来的证据时，你要努力确定证据的完整意义。为此，你需要质疑每一个合理的假说，你需要用某种准绳来衡量每一种辩词的力度。

想象有一场谋杀罪审判，受害人被发现死于家中。等级最低的证据叫作“间接证据”，就是说你虽然有证据，但证据相当薄弱。它可以用来表明某些与检察长试图证明的结论大相径庭的情况。仅凭犯罪现场发现了被告的手套这一点，并不能证明被告有罪。手套可能正如被告所说，是他当天早些时候过来送花时落下的。与间接证据相对，等级最高的证据叫作“排除合理怀疑”，例如被告的手套上散布着被害人的血液，手套内有射杀被害人的手枪留下的火药残留物，监控录像清楚地表明是被告射杀了死者，等等。在权衡证据时，你几乎永远无法达到“排除合理怀疑”，这个标准对大多数人文社科博士论文都太高了。但是，你也不能依赖间接证据，那是远远不够的，你需要尽可能接近“排除合理怀疑”等级的证据。我们将这个等级称作“清晰明确且令人信服”。你的目标应该是找到达到这个等级的可信程度的证据。你要寻找高于“间接证据”的证据，并在合理情况下尽可能靠近“排除合理怀疑”。[1]

① 我对关于证据的法律术语做了简化。若想了解对证据分类的更全面解说，请咨询执业律师，但要记住他是按分钟收费的，所以让他语速快一些。——原注

本章回顾

- 了解主题、问题和答案之间的区别。
- 分别用干净利落的一句话表述三者。
- 要明白，问题是要填补知识的空白。
- 运用五步法来找到你的问题。
- 将问题压缩到八个词语以内。
- 将你的问题与某个大问题关联起来。
- 不要预设结论。
- 用问题指导原始资料。
- 直面不利证据。
- 主张要清晰明确且令人信服。

只要你训练自己做好这些基本的事情，你就远远超过了其他大部分同学，乃至一部分学者。你肯定知道，要想做出高质量的研究，要做的事情还有很多。我的目标是向你介绍走上正道的最基本要素。至于剩下的，你就需要向其他学者、向书本学习，还有通过试错来学习了——尽管我希望你不会经历一场试炼，也不会犯大量错误。要牢记我给你的指导，那会大大提升你成功的概率。祝你好运！

对了，还有一件事。你记不记得我前面关于“写出富有激情的文字”的建议？如果你把其他建议都忘了，那就只记住这一条吧，因为如果你做研究感觉像做苦役，那肯定是出了大问题。做研究不会每时每刻都让你捧腹大笑，但在大部分时候，你都应沉浸在你的问题之中，研究之旅会让你感到异常兴奋，而且你迫切地想要找到问题的答案。我要坦白一个关于我自己的尴尬秘密。每次我快写完一本书的时候，我都会冒出一个很傻的念头：我会向上帝祈祷（我一般不常祈祷），不要让我在写完之前被公交车撞到。就算我没有快写完一本书，我自然也不希望被公交车撞，但我在这种时候会特别警觉。我觉得世界一定要知道我的研究问题的答案，我必须把消息传播出去。从理性角度来看，我明白这有多么荒谬，但我还自欺欺人地相信，其他人也许和我一样关心我的研究（也许某个地方还真有某个人是这样呢）。你的研究也应该有这种干劲。研究之旅应该让你感到兴奋。你应该真心热爱为了你的问题而阅读、写作、发言和思考。你应该渴望——没错，就是渴望——发现一个重大的真理！